だれとも打ち解けられない人

加藤諦三
Kato Taizo

PHP新書

JN276296

はじめに

世俗の世の中で生きている以上、私たちは人と接することを避けられない。

そんな中で「傷つかないで生きていかれればなんと幸せなことだろう」とだれでも思う。

しかし残念ながら、ほとんどの人は傷つきながら生きていく。

それは、どうしてもコミュニケーションがうまくいかないからである。

よいコミュニケーションは、よい人生につながる。それはわかっている。そして一生懸命に努力する。

しかし、どうしても人と打ち解けられない人がいる。

それが、たとえば執着性格者である。

なぜ人と打ち解けられないのか?

それには多くの原因があるだろう。心の底にある敵意、幼少期からの成長過程の問題、持って生まれた性質、間違った思い込み等々、色々なことが影響している。

そこで、なぜ自分が人とうまくコミュニケーションができないのかという原因に気がつけばよい。

それらに気がつけば、人と打ち解けようとする努力が実り出す。

大切なことは、まず今の自分がしていることに気がつくことである。

執着性格者は相手が何を望んでいるのかわからないままに努力する。したがって、人間関係をうまくしようと望みながらも、必ずしもうまくいかない。

人は心に葛藤《かっとう》があると相手を見抜けない。心に葛藤があると自分に気を取られてしまって、相手にまで気が回らない。

河で溺れかかっているときに、川辺にいる人の表情を見分けられる人は少ない。心に葛藤があるということは、心が溺れかかっているのと同じことである。

自分の心の葛藤の内容に気がつくだけでも、人と打ち解ける努力は実り出す。

人は周囲の人と打ち解けて話をすることで生きるエネルギーが湧いてくる。

心がふれ合うことで、何となく落ち込んでいた気持ちが前向きになる。

やる気がなかったのが「頑張ってみよう」と思うようになる。

一人で意地になって、周囲から孤立してどんなに「頑張ろう、頑張ろう」と思ってもどうにも元気にならない。それなのに、人と打ち解けて話をすると、何となく気持ちが明るくなる。

この本では、人と打ち解けられない執着性格者が毎日少しでも心理的に楽になるにはどうすればよいかを考えた。

人は適切な努力をすれば、だんだんとコミュニケーションができるようになっていく。焦らないで少しずつコミュニケーションのできる人になっていけばいい。

最近はコミュニケーション能力がないと言って嘆いている人が多い。しかし、人と比較して自分にはコミュニケーション能力がないと思って落ち込むことはない。

小さい頃から、人とコミュニケーションができるように育てられた人もいれば、コミュニケーション能力を破壊されるような人間環境で育った人もいる。

だから、人と自分のコミュニケーション能力を比較しなくていい。

今、コミュニケーション能力がなくても、それは必ずしもその人の責任ではない。これから努力すればよい。「その人」は「その人」なのだから、「その人」のコミュニケーション能力でよい。

この本では、まず、人と打ち解けられない原因と共に、どうしたら打ち解けられるようになるかを考えてみた。

だれとも打ち解けられない人　目次

はじめに

序　章　なぜ、だれとも打ち解けられないのか？

第1章　「うつ病性格」は家庭環境で決まる

第2章　「従順」は舐められるだけ

第3章　こだわらない生き方

第４章　悩まない性格になる方法

序章

なぜ、だれとも打ち解けられないのか?

いつまでも恨みを忘れられない

執着性格的真面目人間は「周囲の世界に打ち解けない」と言われる。

打ち解けないということは、なにも会社の中だけの話ではない。そういう性格であるということである。

つまり、職場ばかりではなく、家でも「打ち解けない」ということである。昔の友達と飲みに行っても「打ち解けない」。

そうなると、だれといても疲れてしまう。だれといても楽しくない。だから、執着性格の人はいつも疲れている。執着性格者は休んでいても疲れはとれない。

なぜだろうか?

それは、人は人と打ち解けることで、心身の疲れが癒されるからである。

会社で何か人間関係のトラブルがある。しかし執着性格者は、そのストレスを解消する手段がない。

会社で悔しい思いをする。たとえば、自分が努力したことが理解されないで他人の功績にされてしまったとする。自分が犠牲を払って成し遂げた仕事が、自分の功績と認められない。そこで周囲の人を恨む。

しかし、そのときにその悔しい気持ちで会社を出ても、外にその会社の事件を忘れさせてくれる人間関係を持っていれば、会社でのトラブルは心身に大きな打撃とはならないだろう。その悔しい気持ちがストレスとなって、その人の心身を蝕《むしば》んでいくことは少ない。

打ち解けて話ができる人がいて初めて、ストレスは解消される。打ち解けて話しているうちに、悔しいと思った気持ちも和らいでくる。

家に帰ってみたら、奥さんが自分のことを心配して、健康によく、しかもおいしい料理をつくって待っていてくれた。手のかかっている料理であることがすぐにわかった。すると「あんな会社のゴタゴタはどうでもいいや」という気持ちになる。

会社だけが人生ではない、という気持ちにもなるし、「あんな奴」のために自分の人生を不愉快な気持ちで送ることは、バカらしいと思うようにもなる。

だが、そうした人間関係を持っていないときにはどうなるか。

家に帰っても「オレは会社で偉いのだぞ」と奥さんに虚勢を張っている人なら、どうなるか。

一般に執着性格の人は、奥さんとも心から打ち解けない。家でも「バカにされないぞ」と気を張っている。

だから家でも会社と同じように、引き続き、「あいつが悔しい」という思いだけでいっぱいになる。そして、そのトラブルは片時もその人の頭から離れない。

悔しい気持ちは夜のベッドにまで持ち込まれ、眠れない夜を過ごす。眠れない夜の中で、そのトラブルの重みは想像の中で現実の重荷以上になっていく。悩みは大きく成長する。些細《ささい》な事件がその人の心の中で、ものすごい事件に成長していく。そして「あいつのお陰で眠れなかった」という気持ちが、ますますその人への恨みをかき立てる。

次の日もまた何か悔しいことが新たに起きる。前のストレスが解消されないうちに新しいトラブルが襲う。

疲れているからそうした事件は起きやすい。イライラしていれば、当然、次々と人間関係のトラブルは起きてくる。心にゆとりがあれば起きないトラブルが、イライラの中では起きてくる。心のゆとりがあれば無視できる人間関係のイザコザが、イライラしている人には無視できない。

ストレスは、会社の累積赤字のようにその人の心の中で積もっていく。そして会社がいつか累積赤字で倒産するように、その人もいつか積もったままで解消されないストレスの累積赤字で倒れる。

おそらく、それがうつ病である。

私は悔しい感情を表現できれば、うつ病にはならないと思っている。

累積赤字と言ってもいいが、根雪と言ってもいい。前の雪が溶けないうちに、また新しい雪が降る。

そしてそれもまた溶けないうちに、さらに新しい雪が積もる。下の雪はコチコチに地面に凍りついてしまう。少し太陽が出たからといって、すぐに溶けるようなものではなくなっている。

こうして寝つきが悪く、食欲がなく、性欲もなく、おまけに吐き気がして何をするのも億《おっ》劫《くう》になる。

執着性格者は、自分が軽視されたと感じると傷つく。自分を傷つけた人を恨む。しかしその憎しみの感情を処理できない。

そして、次の日もまた別の人から自分が傷つけられたと感じる。そのときにもまた同じように怒りの感情をため込む。

だから真面目な執着性格者は、憎しみを心の底に根雪のように宿している。

自分の弱さをさらけ出せない

前著『「うつ」になりやすい人』（ＰＨＰ新書、二〇〇八年）で説明した執着性格の人の特徴である「仕事熱心、疲れても休養がとれない」ということと、この「打ち解けない」ということとは深く関係している。

執着性格の人は「休養をとる」というと、すぐに自分一人で体を横にして休養をとることを考える。横になるから安らぐ、と考えるのが執着性格者である。

しかし、他人を気にしていれば横になっても安らぎはない。執着性格者は安らぐ能力がない。

「休養をとる」というと「体を横にするのでなければ、レジャーだ」と執着性格者は考える。

しかし、単に家族とレジャーに出かけても安らぎはない。家族の心がふれ合っていなければ、レジャーに行っても安らぎはない。

好きな人と何も気にしないで一緒にいられるなら、何をしていても心身共に安らいでいる。

「休養をとる」ということは、打ち解けられる人と一緒に時間を過ごすということなのである。

だから、執着性格の人の特徴である「本音を吐かない」「腹を割って話をすることがない」ということも安らぐ能力と関係してくる。

人は相手に本音を吐くからくつろぎ、腹を割って話をするから休養になる。執着性格の人の特徴としてあげられていることは相互に関連している。

繰り返すが、体を横にすれば休養がとれるというものではない。なぜなら、執着性格の人の疲れは、体の疲れというよりも心の疲れだからである。

執着性格の人は、体を横にしていても休養はとれていない。早く疲れをとろうと心が焦っているからである。

執着性格の人は心を休ませる必要がある。そのためには本音を吐き、腹を割って話をすることなのである。残念ながら彼らはそれが難しい。

打ち解けるとは、自分のいいところばかりを人に見せることではない。百合《ゆり》の花が自分の香りのいいところだけを誇示して自慢していれば、バラの花と打ち解けることはない。

バラの花が百合に「綺麗ですねー」と言ったときに、「そんなことないですよ、今しか咲けないんですよ、こんなに綺麗なのは秋だけなんですよ」と言うことが、打ち解けるということなのである。

バラが「でも私だって、刺《とげ》があるんで、人に嫌われることもあるんですよ」と言うことが打ち解けるということである。

ところが、執着性格の人たちはどうなるかというと、お互いに「綺麗ですねー」「いいですねー」と言い合っている。

打ち解けるとは、自分の弱点を示すことなのである。自分が苦しいと思っていることを、お互いに苦しいと言えるから心が癒されるのである。

自分が苦しいことを苦しいと言えて、心が楽になってくる。そして、その相手を「あいつは、いい人だなー」と思うようになる。

そういう友達と話すことが打ち解けるということである。それが休養をとるということである。

執着性格者は人を信じていない。人にどう思われるかということには弱いが、人を信じていない。

淋しいのだろう。弱さを出していいのに、弱さを自分にも人にも隠す。

しかし、実は自分の弱さを受け入れるから、自分の長所が見えてくるのである。

このように打ち解ける人は、自分のいいところを知っているから、苦しいことやつらいことを、相手に「苦しい、つらい」と話せるのである。

ありのままの自分の価値に自信があるから、苦しいことやつらいことを相手に話せるのである。執着性格者はその自信がない。

ウソで固められた人間関係

執着性格者はリンゴが好きなのに「リンゴが好き」と言えない。「マンゴーがおいしい」と言ってしまう。

リンゴがマンゴーより価値がないと思っているからである。そして相手は、リンゴの好きな自分を軽く見ると思っているからである。これはまったくの誤解である。

このことに執着性格者は気がつかない。リンゴが好きなら「リンゴが好き」と言うことが安らぐことなのである。

つまり「どんな歌が好き？」と聞かれて、カラオケで歌うような曲の名前を言えない。

「どんな食べ物が好き？」と聞かれて、「霜降りチャーシューの入ったラーメン」と言えない。

いつも偽のダイアモンドで身を飾っている。ウソの生活をしている。そこでいつ見破られるか不安になる。

だから生きていることのすべてが不確かなのである。

自分を受け入れていない人は、他人も受け入れていない。自分が受け入れてもらえない人に、どうして人がついていくだろうか。

自分を受け入れている人は、日々満足している。その日々満足している人に、人はついていくのである。

大きな仕事をして人を驚かそうとしているような執着性格者に、人はついていかない。だから執着性格者は、真面目でも人望がない。大きな仕事をして人を驚かそうとしている人は、たいていものすごく欲求不満である。

執着性格者はいつも頑張っているが燃え尽きやすい。

アメリカの精神分析医フロイデンバーガー（Freudenberger）は、燃え尽きることから自分を救うためには「親しさ」を培《つちか》うことであると述べている。

自分の弱点を出すまい、出すまいと気を遣うから、いよいよ弱点にとらわれてしまう。人と会うと弱点を過剰に意識して疲れる。

そこで何もしないのに疲れてしまう。自分を飾ることにエネルギーを使う。そして、いつも自分の立場を守ろうとしている。

実は攻撃されていないのだから自分の立場を守る必要はない。現実に攻撃されていなくても、本人が攻撃されていると感じていれば、持続的に不安な緊張に苦しむ。すごいストレスとなる。だから何も生産的な仕事をしなくても疲労困憊《こんぱい》する。体が疲れるというよりも、心がストレスで疲れるのだが、同時に体も激しい疲労状況に陥る。

ただ、うつ病になるような人も、視点を変えれば「今のままでも、自分を守る必要はない」ということに気がつくかもしれない。

視野を広げれば不安な緊張からくる疲労を軽減できるかもしれない。

リラックスとは素直な自分でいられること

「あー、うつだ、うつだ」とか「あー、死にたい、死にたい」等と勝手なことを言っている人がいる。それは、親しい人がいる人である。

そう言っていられるのは、「母なるもの」と関係しているときである。それは「実際の自分」を相手が受け入れてくれているときである。

それがリラックスである。

最近よく「癒しの空間」という言葉を聞く。また町を歩いていると「癒しの部屋」という看板が目につく。入ったことはないが、おそらく適度な温度と湿度とよい香り等、すべての快適な条件が備わっているのだろう。そして、マッサージ等をしてくれるのだろう。

要するに、部屋の温度といい、匂いといい、色といい、すべてが快適な空間という意味なのだろう。そこに行くことで、ストレスがとれるということのようである。

しかし、それはあくまでも物理的に快適な空間ということにすぎない。執着性格者は、五感が発達していないから快適さの効果は半減するだろう。うつ病になるような人は、その空間の中にいて、疎外感を感じることもあるだろう。

本当の癒しの空間とは、何でも話せる友人といる空間である。心を開いて話を聞いてくれる人と一緒にいる空間である。

残念ながらこれはお金では買えない。最近お金で買えるものと買えないものとの区別がつかなくなってきたようである。つまり、お金で買えないものを、お金で買おうとする。

自分の気持ちをわかってくれる人といることが癒しである。

これはお金では買えない。

便利になればなるほど、深い喜びを感じる居場所がなくなるようなこともある。

うつ病になるような人は、癒しとかリラックスするということを間違えている。

リラックスとは「陽だまりのサロン」で話をすることではない。

自分が思っていることを素直に言えれば、満員電車の中でもあなたはリラックスできる。

床にゴザを敷いて寝ていてもリラックスできる。

嫌なことを嫌と言え、好きなことを好きと言えれば、満員電車の中でもあなたはリラックスできる。満員電車の中でも、そこは癒しの空間となる。

しかし、ノイローゼになるような人、うつ病になるような人はリラックスというとすぐに「陽だまりのサロン」というような「かたち」を考える。

リラックスはどこででもできる。

人と一緒にいて、相手がどう思うかが気になったら高級ホテルのスイートルームにいてもリラックスはできない。スイートルームも癒しの空間ではない。

高級ホテルのロビーではなく、小さな公園でブランコをこぎながらのデートでもリラックスはできる。

高級ワインではなく、ワンカップでも安らぎは得られる。

弱点を隠して見栄を張らなくてもいい世界が、癒しの世界であり、リラックスの世界なのである。

第1章

「うつ病性格」は家庭環境で決まる

1 なぜ人に甘えられなくなったのか？

親に甘えることのできなかった子ども時代

うつ病者は幼少期に「甘える」ことができなかった。それは吸引の欲求を含めて幼児的願望を抑圧したということである。

小さな子はだれでも親にほめられたい。そこで無理をして「いい子」になる。つまり「甘える」ことができない。

ところが無理をしているのに、親から当たり前の顔をされる。悔しい。でも認めてほしいから我慢する。

もし親が子どもに「私の夢を叶えてくれて、ありがとうございます。でも無理しているんじゃないの？」とでも言えば、子どもも満足する。

そうして、大人になった彼らは人と打ち解けることができて、うつ病にはならなかったろう。

子どもは無理をしてもいいけど、親がそれを当たり前と思っているから悔しいのである。

子どもが「甘えない」のは、親が子どもに奉仕を求めたからである。

子どもに奉仕を求めるとは、どういうことか？

たとえば、子どもに恩を売ることである。親が子どもに感謝の強要をする。親は子どもに恩を売り、感謝されることで自己無力感を癒している。

ただ、親子に信頼関係があれば、親が子どもに恩を売っても子どもは何も感じない。恩は行動だけをとれば、好意であり、愛である。

恩と好意は、心が違うが、行動は同じ。

ところが、恩を着せられると、ものすごく不愉快なときがある。

「あの人から恩を着せられたくない」というときには、プライドが許さないのである。つまり、あの人とは敵対関係のときである。

信頼関係ではプライドはいらない。プライドが許さないときは、信頼関係がない。

信頼関係がないときには、子どもは本音を言えない。「お母さん、お父さん、もっと愛してよ」と言えない。そう言えないとき、子どもの心に葛藤が生じる。

子どもはコミュニケーションの仕方がわからなくなる。

そして、コミュニケーションの仕方がわからないままに大人になる。

甘えは子どもの頃には可愛いけれども、大人になってしまえば嫌われる。

疲れたときには、疲れた顔ができる。それは甘えであるが、それが親しさである。

しかし、嫌われるのが怖ければ、甘えは出せない。信頼がなければ甘えは出せない。

執着性格者は、親と親しくなかったから、いつ甘えを出してよいかわからない。いつ捨てられてしまうのか、いつも不安である。

表と裏で、裏を言える人は明るくなる。信頼できる人がいれば裏を言える。裏を言えない人は、最後にはうつ病になるかもしれない。

「いい人」に見えるのは幼児的願望の反動形成

自分があることを話したいときに、相手が他の話題をすると、心の中では不愉快になるだろう。しかし、表面的にはいい顔をする。

元気な人は、他人の話に関心がある。うつ病になるような元気のない人は、他人の話に関心がない。

執着性格者は、その甘えを出せないから心の中ではいつも不機嫌になる。

幼児のように甘えを出す人は「その話題、面白くない」と言う。

情緒的に成熟した大人になれば、相手の話題に関心を示す。

執着性格者は幼児でもなければ、情緒的に成熟した大人でもない。

自分がしようとした話題ではなく、関心のない話題になり不愉快である。そこで「その話題、面白くない」とも言えないし、相手の話題に関心を持てるほどには情緒的に成熟してもいない。

幼児が手で食べても可愛いが、五歳くらいになったら可愛くない。

同じように、大人は幼児と同じ欲求を持ちながら、幼児と同じに行動をすれば嫌われる。

執着性格者は、情緒的に成熟していないが、同時に嫌われたくないので、幼児と同じようには行動できない。

うつ病になりやすい人は、吸引の欲求を含めて幼児的願望が満たされないことからくる不安、それを抑圧することからくる不安、この二重の不安に苦しめられている。

小さな子は、反社会的なところがある。執着性格者は、その幼児的願望が人格に統合されずに、人格から分離されて抑圧されている。

執着性格者の場合には、吸引をも含む幼児的願望は意志の力で無意識へと追放されたが、無意識から常にその人の人格を脅《おびや》かしている。

いつ幼児的願望が、意志のコントロールを逃れて一人歩きを始めるかわからない。

やがて大人になって社会的に挫折する「いい人」の人格とは、幼児的願望の反動形成としての「立派な人格」なのである。

甘えをよくないこととして排斥すればするほど、幼児的願望は人格に統合されず、分離されて無意識下に追いやられたままで存在する。

そうなると、その人の日常の人格とは分離された重要な欲望がその人の心の底に存在することになる。意識化して人格に統合されない限り、その人の人格は極めて不安定ということになる。

幼児的願望を残したままで、人から受け入れられよう、人から認めてもらおうとしているときには心に葛藤が生じる。

認めてもらおうとすることと、自分のしたくないことをすることの葛藤である。

しかし、自分が納得することをしようとすると、心に葛藤は生じない。

アイデンティティが確立していない状態とは？

大人になっても心に葛藤があれば、本来できる仕事もできない。子どもなら勉強の能率は上がらない。つまり勉強もできない。頭の回転は悪くなる。

人付き合いも、うまくいかない。一生懸命、人のために働くのだが、親友はできない。

仕事や勉強の意欲も湧かない。人間の能力は激減する。

好きなこと、楽しいことがなくなり、無理ばかりをする。そこで憎しみの感情にとらわれる。人と打ち解けないのは当たり前である。

ある字の下手な子どもの話である。心の葛藤が解決すると、字が綺麗になった。

字が下手なときには「どうすれば、先生のオーケーが出るのかな」と思って書いていた。

先生が「字を丁寧に書くことは自分を守るということだよ、そう思って綺麗に書いてごらん。字の間隔を空ければ、綺麗に書けると思うよ」と教えた。

そしてその子は、先生のオーケーを得るためではなく、自分のために綺麗な字を書こうとした。

すると綺麗な字が書けた。

それ以後、その子は何か困ったとき「先生ー」と言って、素直に先生の助けを求めるようになった。

心に葛藤がある状態は、意見も性格もまったく異にする人と憎み合いながら一緒に暮らしている家族のようなものである。

彼らは心が不安定だからこそ不自然になり、コチコチで生真面目になる。

いい子が家庭内暴力を起こす子に変化するのは、圧倒的に支持されている革命政権の誕生みたいなものである。

しかしそこにおいても、その幼児的願望をストレートに表現はできなくなっている。だから家庭内暴力の子はしつこいのである。

自分の願望をストレートに表現できるときには、人はさっぱりしているものである。

家庭内暴力とは、抑圧されていた敵意と甘えの欲求の二つが同時に表われた現象である。

自己が確立されていないうちは、人と協力するとか、妥協することが難しい。

彼らが自立しているように見えても、それは単なる頑固というだけ。

執着性格者には、親しくなる能力がない。人とのコミュニケーション能力がない。だから、うつ病になりやすい。

ときには根性があるように見えるけれど、生身の人間との対決がない。だから困難に弱い。

一般的な言葉でいえば、執着性格者はアイデンティティが確立していないのである。

2 なぜ自分を偽ろうとするのか？

自立していない人の三つの特徴

さらにここで大切な点は、自分を守る執着性格の人には、「自分がない」ということである。

言葉としては矛盾しているが、「自分を守る人には自分がない」のである。自分がないから、いつもきちんとしていなければ気がすまない。

彼らはきちんとしていることで、自分の存在証明を得ているのである。執着性格の人は、きちんとすることで初めて自分を感じることができる。

きちんとしているという「かたち」がほしい。きちんとしなくなると、自分がどこかへ行ってしまう。それが怖い。だからいつもきちんとしているのである。

「自分がある」ということは、自立しているということでもある。自己不在とは自立していないということである。

自立しているか、自立していないかは、いくつかのことで見分けられる。

一つは、自立していない人は、人と対立したときに解決するための道具がない。対処の方法がわからない。だから状況に流されてしまう。流されるだけで自ら動かない。

「流される」と「動く」とは心理が違う。流されている人は、自分が今どこへ流されているかを知らない。水の勢いにはまれば、どこへ流されるかわからない。

自立していない人は、対立を恐れている。対決を恐れている。

自立していない人は、目先のことしか考えない。この場をやり過ごすことしか考えないから対決できない。

対決するということは、起きたトラブルを根本的に解決するということである。

自立しているか自立していないかを見分ける二つめは、自立している人は、淋しくても流されていない。

自立している人も状況によっては淋しい。ただ、淋しいといっても、自立と孤独は違う。

一人でいることは孤独ではない。

孤独な人は、その場さえよければいい。そこで流される。自立している人は違う。動くけれど流されていない。

三つめは、自立していない人は、他人の協力を得られない。

表面的には自立しているように見えるが、他人の協力を得られない人がいる。歪《ゆが》んだ自立と表現すべきような人である。

本当は自立していないのに、「偽りの自己」で自立していると思っている人がいる。世間を気にする人は自立していない。

執着性格者のように、心の中にいろんなことをため込んだ人は、なかなか自立ができない。心の葛藤から人は不安になる。そして心の葛藤が自立の妨《さまた》げになる。

独力でうまくやろうとする「偽りの自己」

イギリスの精神分析医ボールビー（Bowlby）の著作の中に、同じくイギリスの小児科医で精神分析家のウィニコット（Winnicott）によって唱えられたという「偽りの自己」（false self）という表現が出てくる。

何よりも「偽りの自己」の人は、他人といても打ち解けない。

ボールビーによると、「偽りの自己」は情緒的に崩壊した家庭で育った子の反応の一つである。つまり怒りの表現の一つと考えていいだろう。

情緒的に崩壊した家庭で育った子どもと、そうでない家庭に育った子どもの違いはいくつかある。

一つ興味ある均衡の差は、「子どもが独力でうまくやろうと全力を尽くす反応[註1]」や、あるいはその結果、「子どもは前よりも幸せになったという反応を示す比率において見られる。このような反応は、安定した家庭出身の子どもたちの示す反応には、ごく少数見られるにすぎないのに対して、長期の反復的な離別経験を持つ子どもたち、あるいは不幸な家庭出身の子どもたちの反応には目立って多い[註2]」という。以上がボールビーの説である。

子どもが独力でうまくやろうということは、人を信用していないということである。

引きこもりなどは、独力でうまくやろうとして失敗したのである。

自分の力だけに頼って生きてきた人は、社会的にうまく適応しているように見えるが、どうしても心の底では人と打ち解けない。

それは「もろい自律性への無理矢理な、そして未成熟な試みの表現[註3]」であり、ウィニコットによって「偽りの自己」として述べられた状態である。

社会的には適応しているかに見えるが、この「偽りの自己」と言われるものこそ、執着性格者の姿である。

「独力でうまくやろうと全力を尽くす」のは、人を信頼できないからである。周囲の人から助けられ、守られ、保護された体験がないからである。

そうなれば独力で頑張る以外に、生きる道はない。

(註1～3、John Bowlby, Separation, Volume2, Basicbooks, A Subsidiary of Perseus Books, L.L.C., 1973, p.252, 黒田実郎、岡田洋子、吉田恒子訳『母子関係の理論2 分離不安』岩崎学術出版社、一九七七年、二八一頁)

「一緒に」楽しんだ経験がない

「偽りの自己」の人は「皆と一緒に楽しむ」ということができない。たとえば、一緒に暮らしていても、その暮らしを楽しむということができない。

「偽りの自己」の人は、「共に」ということができない。

うつ病になるような人、つまり執着性格者は、真面目だけれども、この「偽りの自己」なのである。

だから、皆が楽しそうにしていると落ち込むのである。「一緒に」楽しむことができない。

一緒にお酒を飲んでいても「一緒に」飲んでいない。飲んでいる人と心がふれ合っていいない。「飲ましてもらっている」か、「飲ましてやっている」になってしまう。

先に書いたように「安定した家庭出身の子どもたちの示す反応には、ごく少数見られる」というときの安定した家庭というのは、心理的に「一緒に」暮らしていた家庭なのである。

安定した家庭とは、「母親と一緒に布団にシーツを敷いたあとで、子どもはシーツの上で飛び跳ねて母親とじゃれる。シーツをくしゃくしゃにしたあとでお水を飲む」という母親との戯《たわむ》れがある家庭である。

一方で、「長期の反復的な離別経験を持つ子どもたち」というのは、空間的に「一緒に」暮らしていないということをボールビーは述べているようであるが、私は空間的に「一緒に」暮らしていないということが重要なのではないと思っている。

多くの場合、空間的に「一緒に」暮らしていないと、心理的に「一緒に」暮らしていないから問題なのである。

その次に「あるいは不幸な家庭出身の子どもたちの反応には目立って多い」と述べている。この「不幸な家庭」というのが、「心理的に一緒に暮らしていない家庭」という意味である。

「偽りの自己」の人は、小さい頃から心理的に「人と一緒に」暮らした体験がない。

「偽りの自己」の人と、うつ病になるような人とは、同じような意味であるが、彼らは小さい頃から「一緒」の体験がない。

空間的には友達と「一緒に」遊んでいても、心理的には「一緒に」遊んでいるわけではない。家の中で親子として「一緒に」遊んでいても、心理的に「一緒に」遊んでいるわけではない。

子どもも親も、無理して「遊んでいる」のである。だから楽しくない。心がふれ合っていない。子どもは遊んでもらったことを親に感謝しなければならない。そんな関係なのである。

子どもは親に「遊んでもらう」ことが大切であるが、それはあくまでも感謝をする必要がない関係である。子どもが遊んでもらったことを親に感謝しなければならないときには、子どもは本当の意味で「遊んでもらって」いない。

彼らは「食べさせてもらった」ことはあるが、「一緒に」食べたという体験がない。「食べさせてもらった」ことを親に感謝しなければならない。

「心」がないから他人と生きることが負担になる

空間的に「一緒に」仕事をしていても、心理的には「一緒に」仕事をしていない。それは会社の仕事でも家庭の仕事でも同じことである。

どこにいても彼らは「してあげた」ことと「してもらったこと」しかない。そして「してもらったこと」には感謝をしなければならない。

要するに、彼らは形式的に共同体に属していても、心理的には共同体に属したことがない。

アメリカの精神科医カレン・ホルナイ（Karen Horney）は、劣等感を「帰属意識の欠如」と述べているが、彼らは帰属意識が欠如しているために、心の底では深刻な劣等感に悩まされている。

彼らは生まれたときから機能集団にいた。わかりやすくいえば、彼らは家庭には生まれてこなかった。彼らは、今の日本でいえば実力主義の外資系の会社に生まれてきたようなものである。

働けば給料をもらえるが、働かなければ給料はもらえない。彼らに親はいなかった。経営者がいただけである。

先に、彼らは何をしても心理的に「一緒に」ということがないので、「会社でも家庭でも同じことである」と書いた。

もっとはっきりといえば、会社も家庭も同じなのだから、家庭はない。彼らには心理的に共同体はない。

つまり彼らには「心の世界」がない。

彼らは小さい頃から人と心が「ふれ合う喜び」を体験したことがない。そうなれば「他人と生きること」は負担であっても「楽しいこと」ではない。

母親との戯れが子どものコミュニケーション能力を養っていく。子どもは母親と自分との二人だけの世界がほしい。

「偽りの自己」の人は、小さい頃に「母親と自分との二人だけの世界」を持った経験がなかったのである。

人は小さい頃に、この「母親との二人の世界」を持つことを通して、心の中に自分の世界を築き上げることができる。

そうして自立できるから大人になって、人と「親しい関係」を築くことができる。異性・同性を問わず、持続的な人間関係を築くことができる。

最近、子育ての負担がしきりに言われる。そして少子化対策は、少子化の原因をそこに求めた負担軽減を目的としたものでしかない。

少子化の最も根本的な原因は、今の日本に共同体がなくなってきたことであり、個人が

「偽りの自己」になってしまったということである。

子育ては「喜び」ではなく「負担」になってしまった。

市場原理主義は、人から心を奪った。

「偽りの自己」は他者と「一緒に」生きられないことであり、心理的に協力して何かをすることができないことであるが、もう一つリラックスできないという特徴がある。つまり、どうしても人と打ち解けられない。さらに本当は依存心が強い。

強い依存心の反動形成が「偽りの自己」である。「偽りの自己」とは何かを独力でやろうとすることである。

彼らは何かに身を任せられない。母なるものに、自らの身を任せた体験がない。だから、何かに向かって安心して自分の身を投げ出せない。

小さい頃から自分の力で自分を守らなければならなかった。彼らは他人に守ってもらった経験がない。

心理的に小さい頃からずーっと「一人で」生きてきた。だれかと「一緒に」生きてこなかった。

いつも不安な緊張をして生きてきた。心の底から安心感を体験したことがない。

だから不眠症などになりやすい。いつも寝つきが悪い。寝るということは、何かに身を任せるということである。

私は、ウィニコットが言う「偽りの自己」の「偽り」を「神経症的」と考えて、それを「神経症的自己」と呼びたい。

人間不信は母親のせいである

ところで、母なるものを持った母親とはどういう存在であろうか？

母なるものを持った母親を知らない人は、物事を言葉通りに受け取る。母なるものを持った母親を知らない人は、怒りの出し方を知らない。

一方で、母なるものを持った母親を体験している人は、怒りの感情、不愉快な感情の出し方を知っている。

怒りの感情、不愉快な感情を出しても許してくれるのが、母なるものを持った母親である。

人は怒りと不安で、気持ちが落ち着かなくなる。

自分の感情をそのまま表に出すと、大人の世界では混乱が起きる。それが母なるものを持った母親を知らない人の成長してきた世界である。

だからトラブルを嫌う。それは安らぎを知らない人たちの世界である。

母なるものを持った母親は、心の大地。

人の心は感情を出せないことで病んでいく。人は相手に対する信頼があれば感情を出せる。相手を信頼して、相手を好きなら言いたいことを言える。

言えれば「依存と敵意」というような矛盾した感情に苦しまない。「好きだけど嫌い」というアンビバレントにはならない。

小さい頃、言いたいことを言えないことは怖い。心理的に成長できない。

そういう人は小さい頃、自分が母親から見放されていたことを知っている。

「偽りの自己」の人は、子どもの頃、何かを頑張った。しかし、お母さんは見てくれない。お母さんは自分の努力を認めてくれない。

こうして成長した「偽りの自己」の人は、他人に対して厳しい。自分が独力で生きてきたから。

助けたり助けられたりという関係で生きてこない。人に助けてもらったという体験がない。彼らはとにかく自分の力でうまくやろうと頑張る。

周囲の人全部が他人。

そしていったんやると言ったら、相手が何と言おうと自分の我を通す。とことんやる、という非情さがある。

「偽りの自己」の人は小さい頃、本当に孤独だった。

小さい頃から頼れるのは自分だけという人生なのである。

だから「偽りの自己」の人に「人を信じろ」と言っても無理である。「人と打ち解けるように」と言っても無理である。

子どもが傷ついて帰ってきた。そのとき母親は、とりあえず、とにかく子どもの味方になってあげる。そういう子どもは「偽りの自己」にはならない。

時を経て、母親が子どもの味方でなくなるのはよい。元気なときには、味方でなくてもよい。しかし、子どもが傷ついて帰ってきたときには、味方になってあげなければならない。

子どもが「偽りの自己」になってしまうのは、自分が元気なときにしか味方になってくれないような母親だからである。

こんな母親を信じられるわけがない。

親を信じられない人が、どうして他人を信じることができるだろうか。

親の利己主義を見た子どもは、自分の力以外に何も信用しない。

他人に利益を与えることによってしか、だれも自分を守ってくれないと体験しているからである。人間不信になる。

執着性格者は、基本的に人間不信なのである。

心の奥の憎しみがコミュニケーションの邪魔をする

そしてこういう人は、自分の育ったこの環境が、嫌いで嫌いでたまらない。育っている当時は気がついていなくても、あとから考えて、自分は自分の育った環境が「嫌い」であることに気がつく。

「独力でうまくやろうと全力を尽くす」ことは立派であるが、その立派な行為をするときには、心の底は憎しみである。

独力でやらざるをえなくてやっているだけである。独力でやりたくてやっているのではない。

まさにボールビーが言うように、「強制された未成熟な試み」（a forced and premature attempt）である。そうしなければ生きてこられなかった。

そういう生き方できて、挫折したのが引きこもりである。自立を強制されて自立しようとした。しかし、自立に失敗した。そこで引きこもった。

だれも助けてくれないから、一人で頑張る。だれも守ってくれないから、一人で努力する。自然の願望として自立性を獲得しようと望んだわけではない。自然な成長の結果として、自立性が出てきたのではない。

そのつらさがその人のパーソナリティに染み込んでいく。そして、どこか温かみのない人に感じられてしまう。だから親しい友人ができない。

とにかく、彼らは自分の育った環境を心の底で憎んでいる。子どものときも、大人になってからも、無意識の世界では周囲の人々を憎悪している。

無意識に憎しみがあれば、人間関係で努力しても、コミュニケーションはなかなかうまくはいかない。

憎しみのある人に「打ち解けなさい」と言っても無理である。

しかし、打ち解けなければコミュニケーションはできない。

また、自然な気持ちを抑えて無理をして相手と付き合っているから、長い間にはどうしても相手が嫌いになる。相手が不愉快な存在になる。

だから、長い期間にわたっての親友はいないし、結婚生活も形式的には続いても、情緒的に長くはうまくいかない。

この無意識の世界での憎しみが、大人になって周囲の人々に何となく感じ取られてしまう。その結果、社会的立場や行動や意識は立派なのだけれども、周囲の人々から好感を持たれない。勤勉だけれども、人から受け入れられていない。

彼らは、ときにそこまでしなくてもよいのではないかというところまで一人で頑張る。一人で努力する。

「ちょっと協調すればうまくいくのに。そうしたら楽なのに」と思うが協調しない。助けを求めない。いや、求めることができない。だれでも嫌いな人から助けてもらいたくはない。

ウィニコットによって「偽りの自己」として述べられたものが執着性格者であり、ヒステリー性格者である。

抑制型の「偽りの自己」が執着性格者であり、非抑制型の「偽りの自己」がヒステリー性格者である。

いずれにしても、「偽りの自己」の人の特徴は、本当に楽しいことがないということである。「本当に」ということは、あとからその時代を振り返って懐かしいという気持ちになることである。

少年時代でも青年時代でも、本当に楽しい時を過ごした場所があるとする。そういう場所なら何十年経って大人になってからでも「あー、あそこに行ってみたい」と思う。

そのときに体力がなくても「行きたい」と思う。お金がなくても「行きたい」と思う。そこに行くお金はもったいなくない。

仕事が本当に楽しければ、高い給料はいらない。

奉仕とは、本当は自分に余力のある人が、したいからすることである。

「偽りの自己」の人は、自分が奉仕しなければ相手に拒絶されるから奉仕する。奉仕しなければ、低く評価されるから奉仕する。奉仕すべきだから奉仕する。

「偽りの自己」の人は、いつも精一杯なのである。余力がない。そして、していることが楽しくない。

「偽りの自己」の人は何をしても本当には楽しくない。高い給料をもらえば、だれでも嬉しいかもしれない。しかし楽しくはない。

嬉しいこと、喜ぶことと、楽しいこととは違う。

劣等感の深刻な人は、人に優越すれば嬉しい。それは喜びである。しかし、それは楽しいことではない。

「偽りの自己」の人にも、嬉しいことと喜びはある。しかし、楽しいことはない。燃え尽きる人なども「偽りの自己」の人である。楽しいことが何もないままに、頑張って力尽きた。

「偽りの自己」の人は、自分で自分がわからない。

何度も書いているように、執着性格者ももちろん「偽りの自己」である。執着性格者は、自分が手を抜いたら相手はやってくれないと思うから頑張る。孤独を逃れるために頑張る。

もちろん、それを意識しているわけではない。無意識の領域にある孤独への恐怖が執着性格者を走らせる。ハツカネズミのように毎日走っている。だから毎日がつらい。

執着性格者は、自己実現していないから自分という存在を感じられない。そこで、奉仕をはじめ、さまざまな立派な活動をする。

奉仕することによって、自分の存在がある。無理をして身銭を切っている。

だから、奉仕する相手に憎しみを持ってしまう。奉仕したくて奉仕するときには、相手に対してやさしい感情を持つはずなのに。

執着性格とヒステリー性格は似ているようで違う

情緒的に成熟した人は相手を見る。人を利用する人も相手を見る。

情緒的に成熟した人は人と協力できる。人を利用する人は人と協力できない。

そこが人を利用する人と、情緒的に成熟した人との違いである。

執着性格者は相手を見ない。相手に気に入られることばかり考えているからである。

「偽りの自己」の人は、一見自立しているように見える。しかし、他人と協力ができない。

なぜなら、「偽りの自己」では感情の交流ができないからである。

「偽りの自己」の人は、人と心がふれ合わない。いつも心理的に構えている。人と付き合っても本当には楽しくない。

「偽りの自己」の人は、人と付き合って、本当に楽しいということを体験していない。

だから交流の期間が終わり、時が経てば「あの人に会いたい」ということがない。

情緒的に成熟した人は、他人を信用するが、他人を利用するヒステリー性格の人は、人を信用しない。それは自分を信用していないからである。

他人を利用する人は、自分が得するときにしか人と付き合わない。だから、損得抜きで付き合うということが感情的に理解できない。

人が自分のために何かを誠実にしてくれるということが信じられない。

彼らは好き嫌いがわからない。最後には自分が腹が立っているのか、いないのかもわからなくなる。感情鈍麻《どんま》である。

執着性格者は、好き嫌いがないから、ヒステリー性格者に操作される。

ヒステリー性格の人は、当たりがよくて人をそらさない。ヒステリー性格者は、愛想はいいが、たとえば、友人が本を出版したときに陰で出版社に「こんなひどい本はない」と手紙を書くようなタイプの人である。

人を殺すが、自分の姿を見せない。ヒステリー性格の人はそんなタイプの人である。

ただ、ときに会話の中で、「えーっ」と驚いてしまうようなきつい言葉が出る。たとえば、さらりと「殺せばいいじゃない」というような言葉が出る。

自分は執着性格者だと思う人は、ヒステリー性格の人は恐ろしいから、このタイプとは付き合わないように気をつける。

打ち解けるといっても、だれにでも打ち解けてよいというわけではない。執着性格の人は、ヒステリー性格の人に打ち解けてはいけない。

3　親が話しにくい子どもは引きこもりがちになる

「いい人」の仮面の裏に潜む矛盾

執着性格者は、人に心を開くとか、打ち解けるとかいうことが難しい。無意識の領域に「見捨てられる」という不安と怒り、敵意があるのに、どうして簡単に人と打ち解けることができるだろうか。

彼らが自己防衛的になる、つまり身構えるのは、その自分の心の中の敵意を相手に気づかれまいとしているからである。

執着性格者は、過度に人に配慮する。彼らが、人に過度に配慮するのは、相手に敵意を気づかれまいとするからである。「私はあなたに敵意を持っていません、あなたに好意を持っています」と伝えたいのである。敵意を隠すために配慮をすると、どうしても過度になる。

そして、あまりにも配慮しすぎて気疲れする。それなのに、人と心はふれ合っていない。

彼らがあまりにも、人が自分のことをどう思うかを心配するのは、一つには自己不在からであるが、もう一つは、やはり自分の無意識にある敵意に気づかれないかと恐れているからだろう。

人によく思ってもらっているとわかると「ほっと」する。もちろん、それは一時的なもので基本的には不安である。

その敵意は小さい頃からの生育の過程で積み重ねられたものである。その敵意は、無意識へと抑圧されている。そして反動形成として「いい子」「いい人」となって表現されてくる。

敵意と「いい人」は連鎖してお互いを強化していくことになる。つまり悪循環していく。「いい人」を演じることで敵意が増大し、敵意が増大することで、ますます「いい人」を演じて敵意を隠さなければならない。

そうなると、本人の心の中では矛盾がどんどん深刻化するばかりである。そして最後には、その激しくなった矛盾に耐えられなくなって、うつ病のようなかたちで挫折していくのであろう。

オーストリアの精神科医フランクル（Frankl）が、うつ病を「生命のひき潮」と表現しているが、ここまでものすごい矛盾を抱え込めば、生きることが難しくなって当然である。

彼らは矛盾を抱えて進むことも引き返すこともできなくなってしまう。そして同時に「今という時」にいることもできない。

そういう人はよく「ただ息をしていることも苦しい」と言う。まさに「どうにもできなくなっている」のだろう。

人と打ち解けない人は、自分自身とも打ち解けていない。

人と打ち解けるためには、まず自分と打ち解けることである。そのためには、まず心の中の矛盾に気がつくことである。それが自分と打ち解けるための第一歩である。

周りが楽しそうで暗くなる

執着性格者が周囲の世界に打ち解けないのは、何度も書いたように、敵意や憎しみを抑えているからである。

憎しみを持っている人が、どうして人と打ち解けることができようか。

執着性格者は複雑である。憎しみの対象から愛されたい。だから憎しみを表現できない。

自分の中の矛盾がその人を「コチコチ、生真面目」にする。

よく、うつ病の本に「趣味を持ちなさい」と書いてある。内容としては正しいが、自分の中に解決しようのない矛盾を抱えて緊張しているのに、どうして趣味など持てようか。彼らは趣味どころか、心理的に自分が溺れかかっている。

執着性格者は、このような人間だから何かの挫折をきっかけにうつ病になる。

執着性格者というのは、自分はいいことをしていると思っているが、日々の活動に躍動感はない。何かをして疲れても、その疲れは楽しいことをしたことからくる疲れではない。

そういう疲れではないから、どうしようもない。横になっても疲れはとれない。過労死とはおそらくそうした疲れであろう。

執着性格者がノイローゼ気味になれば「楽しい」「悲しい」がなくなる。感情が麻痺してくる。

健康な感情のある人は「楽しい」「悲しい」があって疲れる。そして、その疲れは寝ればとれる。

執着性格者は、人にどう思われるかばかりを気にしているのに、人を信じていない。信じていないから打ち解けられない。

人と打ち解けることができないから、他人が楽しそうにしていると暗くなるのである。

また、自分が心理的にホームレスだということを知っている。自分に自信があれば、人が楽しそうにしていたら、普通はその中に自分が入っていく。その中に自分が入っていなくても、別に心が暗くなることはないだろう。

執着性格者は、このように人と仲間になれない。彼らは小さい頃から「私たち」としては育てられてこなかった。親から守られていない。愛されていない。

執着性格者は人と打ち解けないが、周囲にいる人も不安な人で人柄として話しにくい人たちである。

まず、執着性格者は心の底で除《の》け者にされたように感じている。敵意を抑圧しているから、除け者にされたことに余計に腹が立つ。しかし、この怒りは表現されない。そこで憂鬱《ゆううつ》になる。

両親が発する「近づくな」の罪

ところで、なぜ打ち解けられない人間になったのか?

交流分析の著書に、親が子どもに与える破壊的なメッセージとしていくつかあげられている。

メッセージとは、それを子どもが受け取ると、その子どもに一定の心理的立場をとらせると共に、人生ドラマにおいて果たさなければならない役割を決定させる言葉である（Muriel James, Dorothy Jongeward, Born To Win, 本明寛、織田正美、深沢道子訳『自己実現への道』社会思想社、一九六七年、一三〇頁）。

その破壊的メッセージの一つとして「Don't be close.」（近づくな）というのがある。

彼ら執着性格者が人と打ち解けられない理由を、この「近づくな！」というメッセージと関連して考えてみたい。

「この花に近づくな！」とただ言われたら、子どもはなぜだかわからない。そう言われ続けていたら、子どもは判断能力がなくなる。説明もなく言われていたら、小さな子どもは、自分は嫌われていると思ってしまう。

父親が忙しい人であったとする。子どもが休日に遊ぼうとすると、父親あるいは母親から「お父さんは、疲れているからあっちへ行ってなさい」と言われる。

あるいは新聞を読んでいる。話しかけると「煩《わずら》わさないでくれ」と言われる。

だから子どもは父親に「遊ぼう」とは言えない。「遊ぼう」と言ったら、親の迷惑になると思ってしまう。

しかし「お父さんは忙しいから」は父親の防衛である。実は父親は遊びたくない。あるいは子どもに「自分は偉い存在である」と見せたい。

このような父親は、子どもとの関係で自分が傷つかないようにするのに精一杯である。とても子どもに何かを教える能力はない。

こうした親子関係で育つと、子どもは自分に自信を失い、友達をつくれない。子どものうちからいつも相手の事情を考えるから、気軽に友達に「遊ぼう」と言えない。こうして育つと、心のふれ方の感覚がわからない。人間の距離感がつかめなくなる。そうして、子どもは人との心のふれ方の原点がわからない人間になる。

単に「立派な両親」と一緒に家族旅行に行ったからといって、心のふれ方がわかるのではない。

子どもが旅行のあとで、権威主義者の父親に「あの旅行は楽しかった」と言ったとしても、心がふれ合っているのではない。

母親が「あのとき、あなたが手をかむから痛かったわよ」と言うことで、子どもの五感が育つ。五感が育つから心のふれ方もわかる。

また、母親が子どもに「あのときに、あなたに痛い思いさせちゃったわね」で心がふれ合う。

子どもが歌を歌って得意になる。反対に親が歌って聞かせてあげる。それが親子の楽しさ。心がふれ合っていれば、下手な歌などない。

子ども時代の恐怖を再体験する

子どもは親と遊ぶことで、人との距離感がわかるようになる。

育つ人間環境が違うから、子どもの中でも人に「遊ぼう」と言える子どもと、言えない子どもがいる。

しかし、この「近づくな！」というメッセージを小さい頃に与えられると、どの子も相手との距離感がつかめなくなる。

大人になって他人に接するとき、迷惑にならないかとビクビクしている人は、子どものときにうるさがられた怯えを再体験しているのである。

今、大人になって、人とどうしても打ち解けられない人は、小さい頃、自分はどんな気持ちで人と接していたかをもう一度思い返してみることである。

そして今、何十年も前のその気持ちを引きずって生きているのではないかと反省をしてみることである。

このメッセージは、忙しいと思っている親によって与えられるという。ここで大切なのは、実際に忙しいか忙しくないかということではない。親が自分を忙しいと思っているかどうか、ということである。

あるいは、人に忙しく見せたい人によって与えられるメッセージである。

実際には暇でも、心にゆとりのない親は、いつも忙しくて、とても子どもの相手などしていられないと思っている。

実際には子どもと遊ぶ時間があるのに、自分は忙しくて子どもの相手などはしていられないと思っている親もいる。またそう思っていなければ、自分の神経症的自尊心が保てない、というところもある。

日本では、「女、子ども」という言い方をした時代がある。「女、子ども」の相手をすることで、自分が重要人物でないと思われることを恐れているのである。

また、子どもと遊ぶことが好きでない親も同じである。

したがって、このメッセージは、その親が実際に忙しいか忙しくないかの問題ではなく、その親がどんな人柄かによって与えられるものである。

このような否定的なメッセージを受けて育った子どもは、当然、他人に親しく近づくことを恐れるであろう。

この否定的なメッセージを受けていた子どもは、大人になっても他人に接するとき、いつも迷惑になるのではないかとビクビクするようになる。

親にかまってもらいたくても、うるさがられていた子と、そうでない子では、成長の過程で受け取っているメッセージがまったく違う。

つまり自己イメージがまったく違う。自分に対する自信がまったく違う。

もう一度言おう。大人になって他人に接するとき、迷惑にならないかとビクビクしている人は、子どものときにうるさがられた怯えを再体験しているのである。

そういう人の場合、人間関係がうまくいっているように見えたとしても、不満を黙っているだけ。

私が、半世紀近く悩んでいる人と接してきてつくづく思うのは、悩んでいる人には距離感がない、ということである。

他人行儀になったり、妙になれなれしくなったり、不自然にリラックスしたり、あるいはおかしくないときにニコニコしたり、わざと大声で笑ったりする。

だから、真面目な執着性格者は、よく詐欺師《さぎし》に引っかかる。ずるい人に騙されてしまうのは、近くない人なのに、近いふりをされると、近い人と思ってしまうからである。

普通の人なら、近くない人なのに、近いふりをされたら、「この人、ヘンだ」と思うだろう。

親への恨みは「自分の存在証明」の裏返し

最近、うつ病の低年齢化が言われる。

うつ病になるような中学生、高校生は小さい頃から「いい子」で、親に遊んでもらっていない。

彼らは遊んでもらうことが必要である。仲間は一緒に遊ぶが、相手と遊んであげるわけではない。

彼らは父親に「遊んで、遊んで」と言えばいいのだが、それが言えない。言える雰囲気の家庭環境ではない。また、子どもと遊べる父親ではない。

彼らは遊んでもらっていないから、正常な心理的発達がない。そのため、大人になっても物事に関心や興味がない。

うつ病になるような中学生、高校生は、父親や母親と遊んでもらった経験がないから、自分の「遊んでもらいたい」という欲求に気がついていない。

今の日本は、親が子どもと戯れてくれなくなった。ふれ合わなくなった。

動物は全部親子でふれ合う。ライオンも犬も、意味もなく親が子どもと戯れている。それがふれ合い。親子でじゃれている。

親が子どもを嫌いなら、子どもとじゃれない。

子ども時代、夜の寝る時間がくる。母親と一緒に布団にシーツを敷いたあとで、子どもはシーツの上で飛び跳ねて母親とじゃれる。シーツをくしゃくしゃにしたあとでお水を飲む。

そんな母親との戯れが、子どものコミュニケーション能力を養っていく。

母親と自分にしかわからない「たわいのない会話」、それが子どものエネルギーになる。

子どもは母親と自分との二人だけの世界がほしい。執着性格者の彼らにはそれがなかった。

これがすでに説明した「偽りの自己」を形成する。「偽りの自己」には、自らの力に頼って独立して生きていこうとする姿勢はある。しかし、他人と協力ができない人である。

秋葉原無差別殺傷事件が起きたとき、新聞などでしきりに指摘されたことは、「親とずっと疎遠」（『読売新聞』二〇〇八年六月十三日付）であったということである。なぜ疎遠になるのか？

それは幼少期に親とそうしたじゃれ合う体験がなかったからであろう。会わなくなれば疎遠になる。心がつながっていないから。

二〇〇八年七月に愛知県の高速道路で十四歳の中学生がバスジャックをした。「親を困らせたかった」と言う。

親に対して恨みを持つ子は昔からいた。ただ、昔の恨みは甘えたいけど甘えられない恨みであった。

今の子どもの恨みは、親の心の中に自分がいないから、親の心の中に自分の存在を示そうとする恨みであろう。

子どもにとって、最も大切な母親の性格は「話しやすい」ことである。父親についても同じである。

子どもは何でもしゃべれることによって、心理的に成長できる。

子どもが社会性を持った大人になるために必要なことは、いわゆる「子ども時代」があることである。「子ども時代」があったかなかったかは、大人になってからの性格を決める。

そのことは、何でもしゃべれる母親がいたかどうか、ということである。そういう時間を持てたかどうかである。その意味で、母親が話しやすかったかどうかは、大きな意味を持つ。

このお母さんなら話せる。それが話しやすい母親。

話しにくい人。そういう人には、コンプレックスがある。そして態度が不自然。不自然なのは、立派さの裏にコンプレックスがあるからである。

そういう人は、一緒にいて疲れる。長年付き合っていても話しにくい人は話しにくい。

うつ病の人の周りには、話しにくい人が多いに違いない。またコンプレックスがある人が多いに違いない。

美人でもホームレスでもエリートコースに乗っている人でも、話しにくい人は話しにくい。とにかく話しにくい人がいる。

今、人と打ち解けられない人は、小さい頃から自分の周りにいた人がどういう人であったのかを、腰を落ち着けて考えてみる必要がある。

身体は現在でも心は過去にいる

アメリカの社会心理学者であるブライアン・ギルマーティン（Brian Gilmartin）の著書『The Shy-Man Syndrome』（あわやのぶこ訳『シャイマン・シンドローム』新潮社、一九九四年）によると、ギルマーティンは同性愛者を除く男性のシャイな人三〇〇人、非シャイな人二〇

○人の合計五〇〇人に三時間から四時間にわたって詳しくインタビュー調査をした。

非シャイな人二〇〇人は未婚で、十九歳から二十四歳までの年齢層である。ここで「非シャイな人」というのは、積極的に社会参加をするような自信のある人である。「シャイな人」といっているのは、社会的に引きこもりがちな人で、女性を誘えないような男性である。

「両親が話しやすい」と答えた人の割合は、シャイな人は一〇－一七%。数字が二つあるのは、シャイな人については年齢で二つに分けているからである。非シャイな人の親は、五二%。

やはり自信のある人の親は「話しやすい人」である。

悩みをだれと話し、解決していくかということを考えても、両親の話しやすさは、子どもの成長に大切なファクターである。

「両親が話しにくい」は、シャイな人は五七－六六%。

それに対して、非シャイな人の親は、一九%である。

やはり、社会的に引きこもる人の親は話しにくい人柄ということになるのだろう。

自分の親が「子どもの言うことに関心がない」と答えたシャイな人は、四五－五二%。非シャイな人の親はなんと〇%。

つまり、自信のある人の親で「子どもの言うことに関心がない」という人は、一人もいなかったことになる。

「子どもの言うことに関心がある」は、非シャイな人の親では七四％である。

やはり、子どもが人間関係に自信を持てる大人に成長するには、親が子どもに関心を持つということは極めて大切である。

また、「関心があるかないか」だけではなく、自信のある人は親との会話を楽しんでいる。

「母親と会話を楽しんだか」に対して、「あまり母親と会話を楽しんだことがない」がシャイな人は四六－五八％。非シャイな人は「あまり母親と会話を楽しんだことがない」がたったの五％。

「父親と会話を楽しんだか」に対して、「あまり父親と会話を楽しんだことがない」がシャイな人は三七－四三％。非シャイな人は「あまり父親と会話を楽しんだことがない」はなんと〇％である。

大人になって自信を持って人と接することのできる人たちは、小さい頃、親との会話を楽しんでいる。

そう考えると今、人と接することに自信のない人たちは、小さい頃の親との関係をまず反省してみることである。

そして、自分はなぜ人と接することが苦手なのか、そして人と打ち解けることがなぜできないのかを考えてみる。

自分は小さい頃、親との楽しい会話がなかったと思う人は、それでも今自分はこうして社会の中で立派に生きていることを、もっと積極的に評価するべきなのである。

人と一緒にいて不安な緊張を抱いてしまうときには、それが当たり前なのだと思えばよい。そして、それはそれほど深刻なことではない。

昔は、たしかに打ち解けることができない人間環境だった。しかし、今はそうではない。環境は変わった。

今は、目の前にある環境に反応すればよいだけのことである。打ち解けることができない人の身体は現在にいるが、心は過去にいる。

今、執着性格者の心が聞いている「近づくな！」という声は、遠い昔の声である。彼らは今、近くでしている声には耳を傾けていない。過去の再体験をしているだけ。

今を生きていない。

なぜコミュニケーションできないのか？

それは過去にとらわれているから。

昨日に支配されつつ今日を生きると悩む。

今、コミュニケーションができないでいるということは、過去にとらわれているということ。


今日という日は二度と来ない。

今日一日を生きることを考える。

それがわからないのは、今が好きではないから。

今が喜びに満ちていないから。

今が悲しみに満ちているから。

あれがあったから今がある。

それに気づいたときから、ものが見えてくる。

くだらない話ができる相手の存在

もう一つ大切なのは、しゃべる相手を見つける努力をすることである。

雄弁と、しゃべるとは違う。歴史に残る大雄弁家デモステネスは演説をしても、しゃべってはいない。

話すということは、心を出すこと。心を出すのは会話。意見を出すのは演説。しゃべるとか、会話とかは支離滅裂でよい。子どもが母親に話すときには、話は支離滅裂。「子ども時代がある」ということは、「しゃべる時代があった」ということ。

先のギルマーティンの調査によれば、大人になって自信のある人は「私には子ども時代があった」と言うし、自信のない人は「私には子ども時代がなかった」と言う。

今、人とうまくコミュニケーションできない人、人といて打ち解けない人は嘆くことはない。子ども時代にしゃべる機会がなかったというだけのことである。

だから、くだらないことを支離滅裂に話せる人を見つけることである。そして「くだらない」と思っていることが、実は大切なことだったと認めることである。

今、あなたが打ち解けることができないなら、あなたに利益をもたらす人であってもあなたにとって大切な人ではない。

あなたが「くだらない」と感じることばかりを言っている人が、たぶんあなたにとって価値のある人。逆にあなたが付き合いたいと思っている人は、たぶん価値のない人である。

不幸になる人は、たいてい付き合う人を間違えている。

4 なぜ弱点を見せまいとするのか？

周囲はみんな敵ばかりと感じてしまう

うつ病者の説明としてよく「弱点を見せまいと常に気を張っている」というのがある。その通りである。

気を張っているということは、いつも不要な力が体にかかっているということである。弱点を出すまいと気を張っているのも、敵意や憎しみがあるからであろう。

人は敵に弱点を見せるだろうか。執着性格者にとって周囲は敵なのである。もっといえば、周囲は復讐の対象なのである。

復讐の対象というと言葉はきついが、実際そうである。自分が小さい頃に求めた愛情を得られなかった。傷ついているのは当たり前である。自分を傷つけた世界に復讐したいと思って何の不思議もない。

そして弱点を隠すと、相手との関係はおかしくなる。

弱点を隠すときには相手を警戒している。

私はかつて『言いたいことが言えない人』（PHP新書、二〇〇六年）で、恥ずかしさの心理を説明し、恥ずかしがり屋の人は警戒心が強いと書いた。

要するに周囲の人を信じられなくて、いつも警戒をしている。

もう一度言うが、弱点を見せまいと常に気を張っているのは、相手が敵だからである。だれでも敵には弱点を見せない。

実際に相手が敵であるかどうかは、また別の話である。敵の場合もあるし、敵でない場合もあるだろう。しかし彼らは敵と思っている。

実際にどうであるかは別にして、うつ病になりやすい人は、自分の心の中に敵意があるということである。

だから「弱点を見せまいと常に気を張っている」のである。

こういう人は、たいてい相手を見ていない。その場の状況を正確につかんでいない。だから、味方のことを敵と思い込んで話をしていることもある。もっと柔らかい表現をすれば、自分に好意を持ってくれている人なのに、悪意を持っていると思い込んでいる。

自分は執着性格者だとか、自分は恥ずかしがり屋だと思っている人は、これからは人に会ったらまず相手の表情とか、態度を見る。それがわからなければ、服装とか、年齢とか、何でもいいからそれを手がかりに相手を判断する。

そして素直な人か、ひねくれている人か、ずるい人か、誠実な人かを考える。要するに「この人はどんな人だろう」と考えてみることである。

「だらしがない」と「リラックスする」の区別ができない

執着性格者とか恥ずかしがり屋の人は、いつも弱点を見せまいと気を張っているからどうしても人と打ち解けない。

子どもは自分のすべてを出しているから魅力的なのである。犬もすべてを出しているから人は癒されるのである。そうしたところが執着性格者にはない。

本音を出していない人は、一緒にいてこちらが疲れる。

愛されて成長した人は、話し合うことで物事を解決する。他人と協力ができる。

よく「ボロを出さない、つけいる隙を与えない、本音を吐かない、腹を割って話をするということがない」というような内容のことが、うつ病関係の本には書いてある。

その通りである。

でも、それはなぜだろうか？

それは何度も言うように、敵意を持っているからである。もう少し柔らかい表現をすれば、相手に不信感を持っているからである。

執着性格者は人を信じられない。だから人と打ち解けない。

とにかく、この自分を守る鎧を脱がない限り、執着性格の人はなかなか打ち解けて、リラックスできるようにはならない。

しかし執着性格者は、鎧を着ていることだけでエネルギーを消耗してしまい、疲れる。だからリラックスするまでのエネルギーが蓄えられない。自分を守ろうと鎧を着けるから自分の弱点を不必要なまでに意識してしまう。

自分を守ろうと必死になるから、弱点が表われることが怖くなる。そして弱点を出すまい、出すまいとすることで大切なエネルギーを消耗してしまうのである。

生産的な仕事にエネルギーが向かない。つまり、弱点を直そうとするのではなく、ただ隠そうとする。

さらに執着性格の人の特徴として、精神衛生関係の本には「几帳面で四角四面」だと書かれている。

執着性格の人は、「だらしがない」ということと「リラックスする」ということの違いがわからないでいる。執着性格の人は、いつもきちんとした格好をしていないと気がすまないのである。

いつも上下を着ているというか、鎧を着ているというか、そんな感じである。鎧を着けているということは、自分の身を守っているということである。きちんとしていることが、自分を守っているということなのである。

執着性格の人の特徴として言われる「ずぼらができない」「ボロを出さない」などというのは、みな自分を守る鎧を着けているということである。

彼らの秩序性も含めて、いつもきちんとしていることは、目に見えないところで彼らがいつも緊張状態にあることを表わしている。

きちんとした洋服を着ていないと落ち着かないということは、執着性格の人が無意識に緊張していることを表わしている。

劣等感と利己主義が表裏一体

攻撃されていないのに防衛する必要はない。

聞かれていないのに言い訳をする必要はない。

そして執着性格の人が不安な緊張を抱くのは、人によく思われることに価値をおきすぎているからである。

ずるい人にさえ好かれようと無理をする。誠意のない人にさえ迎合して生きている。だれと会っても、嫌われないようにということばかりを気にして生きている。

ボロを出さないようにエネルギーを使うが、ボロを直そうとはしない。

敵意を持ちつつ、相手を見ないで人と打ち解けない人は、その自らの不信感を意識していない。不信感は無意識にあって、その人の言動に大きな影響を与えている。

だから毎日イライラして生きることに疲れる。

彼らは劣等感が深刻だから、自分の弱点を過剰に意識してしまう。

心理学者のアドラー（Alfred Adler）は、敵意と劣等感は連鎖していると言うがその通りである。

うつ病になりやすい人は、敵意と劣等感が心の底で渦巻いている。その結果「弱点を出すまい、出すまい」と過剰に身構える。

そして自分の弱点を隠すために肝心のエネルギーを使ってしまう。肝心の仕事にエネルギーを使わない。自己実現のために肝心のエネルギーを使わない。

しかも無意識の領域では、その弱点がいつ見破られるかと不安である。弱点がばれないかと不安で、緊張してエネルギーを消耗する。

たとえていえば、すごく立派な家に住んでいるが、その家は雨が降ったら雨漏りがする。彼らはそんな家に住んでいるようなものである。人が来たら、いつ雨が降らないかと常に気にしていなければならない。お客さんがいる間じゅう、いつも不安で緊張している。

机の脚が一本とれている。重いものを置けない。その机を人が「移動しよう」と言ったら大変なことになる。そういう不安である。

いつもそうした不安な緊張を抱いていることでエネルギーを消耗する。

仕事でエネルギーを消耗するよりも、不安からエネルギーを消耗してしまう。だからいつも疲れている。

要するに弱点を隠そうとするから、緊張して周囲の世界に打ち解けることができない。

執着性格者は欲得が強い、何かあったら逃げるタイプである。だから人も逃げると思っている。

自分の弱点が出たら相手は逃げると思っている。

こんな気持ちでは、信頼関係ができないのは当たり前である。

欲得が強いのは、劣等感が深刻だからである。オーストリアの精神科医ベラン・ウルフ(Beran Wolfe) は、深刻な劣等感の症状は、利己主義であると述べている。私もそう思う。

執着性格者が人を好きになるときでも、得になるから好きになる。この人は何かを持っているから好き、というような感覚である。その人自身を好きになるわけではない。

トラブルが起きる人は人当たりがいい

ある執着性格の男性が、Ａという女性に会うと緊張すると言う。

なぜ緊張するのか。

まずその男性には、すでに説明したように敵意がある。そしてこの男性は、Ａという女性を好きではない。

そして嫌いであるが嫌いと意識していない。嫌いであるが認めてもらいたい。

緊張するなら会わなければいい。でも会う。嫌いな女性にも「素敵な男性！」と好かれたい。

まさに対象無差別に愛を求めている。

嫌いな人に会うのは、嫌いな人にも認めてもらいたいからである。嫌いな人からも愛されたいからである。

その男性には好き嫌いがない。

そう言うと「いや、好き嫌いはある」と言う。しかしその好き嫌いは、認められれば「好き」、認められなければ「嫌い」ということである。

相手自身を好きとか嫌いとかいうのではない。「自分が認められるか？　認められないか？」というだけの話である。

こうした「嫌いだけれども仲の良い関係」というのが人を疲れさせる。打ち解けないのは「嫌いだけれども仲の良い関係」だからである。

だれにでも認めてもらいたい人は、「嫌いだけれども仲の良い関係」を周りじゅうにつくる。

好き嫌いがないというのは、別の表現をすれば、だれも彼もみな嫌いということである。

執着性格者には、本当の意味で好き嫌いがない。嫌いなら会わなければいい。だれにでも好かれようと思うから、だれに会っても緊張する。

好き嫌いがないということは、問題が起きるということである。会わなければいいものを無理して会うからトラブルが起きる。

トラブルが起きる人は人当たりがいい。如才ない。

しかし、心の底に問題を抱えている。だから底意地が悪い。

何か不幸があった人に対して「これから生きるのが大変でしょう」などと厭味《いやみ》を言う。言葉としては愛情の表現のようだが、実は相手の不幸を喜んでいるような人である。

「これから生きるのが大変でしょう」という顔がウキウキしている。

執着性格者は、職場での不満を直接言えない。しかしいつまでも忘れない。執念深い。

内向的な執着性格者と反対の外向的なヒステリー性格の人も、そのときに仕返しをしない。

しかし、傷つけられたことを長いこと覚えている。ヒステリー性格の人は、時期が来たら見えないかたちで仕返しをする。

弱点がばれたと感じたときの途方もない絶望感

執着性格者は、お互いに距離をとる関係ならよい。「間隔をおいた付き合い」ならできる。

ただ、近い関係が不得意である。近くなると傷ついてしまう。

先に、執着性格者のようなうつ病になりやすい人は、弱点を出すまいとして不安な緊張を抱くと書いた。

そうすることで、その人はますます弱くなる。

「弱さ」を隠そうとすることで、緊張してますます自分の「弱さ」にとらわれる。そして、本当に弱くなる。心の力を失う。そして、ますます自分の「弱さ」を過剰に意識するようになる。

弱くてもその弱さにとらわれなければ、本来の自分の力を発揮できる。しかし、弱さを隠そうとすることで、本来の自分の力を発揮することができなくなる。

人間は多くの場合、自分が思っているより力を持っているものである。しかし、弱さを隠そうと身構えることで、自分本来の力が萎縮《いしゅく》してしまう。

身構えることで、本来なら発揮できる力を失ってしまう。

「強く」なるためには、弱点を表現することなのである。弱くてもいい、それが自分なのだ、と覚悟を決めることで、本来の自分の力を発揮することができる。

ただ悩んでいる人は、「強く」なるために弱点を表現してもいい、と言うと、状況を考えないで表現しようとしたりする。

それが人との距離感がわからない、ということである。表現するのにふさわしい場所で表現することが求められる。

人に対して自分の弱さを隠そうとすることで、人に対して怯える。その怯えが、またその人から本来の力を奪う。

弱点はそれを表現することで、乗り越えることができる。もちろん、その人に向上心があることが前提である。

人は「私はこのときに怖かった、臆病だった」と親しい人に言うことで、自分の恐怖感を和らげることができる。

それを逆に「オレは大物だ、剛胆だ、怖いものなどない」と虚勢を張れば張るほど、ますます臆病になる。

アメリカのABCニュースに『ナイトライン』という番組がある。そこで「軍隊の自殺」について放映したことがある。そこでは、アメリカ空軍とアメリカ海軍の自殺の劇的な違いについて解説していた。

アメリカの空軍では、自殺者が劇的に少なくなった時期がある。それは空軍がメンタルヘルス対策を始めたときである。兵士が怖い体験をして帰還しても、すぐにその感情を吐き出させるということをしたお陰である。

フロイデンバーガーが、燃え尽きやすい人の性格特徴としてあげていることは「うまく自分の弱点を隠す人」(who hide their weakness well) である。

これは燃え尽きた人ばかりではなく、まさに執着性格者の性格特徴としてもあげられることではなかろうか。

人間関係で「うまく自分の弱点を隠す人」は、いつも不安な緊張をしている。

そして、その弱点に注意をとられてしまう。他のことはなかなか考えられない。だからいつも弱点が表われないかと不安である。いつもビクビク怯えている。だから消耗するのは当たり前である。

隠すことにエネルギーを消耗して、肝心の仕事にエネルギーを使わない。そこで何もしないのに疲れてしまう。自分を飾ることにエネルギーを使う。いつも自分の立場を守ろうとしている。

そしてうまく隠しおおせれば、その場は「ほっと」するだろうが、あとでどっと疲れが出るだろう。

また、隠しおおせないときにはどうなるか。嫌われたと思う。軽蔑されたと思う。

最後には「やっぱりダメか」と自分への絶望感になる。

しかも、この「絶望感」がなかなか癒されない。長く尾を引いてしまう。長い年月が経っても、あるとき、ふとそのことを思い出す。

「自分の弱点を隠そうとする人」は、いつも神経が張りつめている。それだけに弱点が表われたときには、普通の人よりも落胆は大きい。

どうすれば周囲から認めてもらえるのか

今、「絶望感」と書いたが、それを大袈裟《おおげさ》だと思う人は「自分の弱点を隠そうとする人」ではない。

弱点が客観的には小さくても、本人にとっては大きな弱点なのである。問題は、その人の価値観である。

その弱点にどれだけ苦しむかは、本人がどれだけその弱点を意識しているかである。

だから、外からはなかなかわからない。

「自分の弱点を隠そうとする人」は、その弱点を隠すことで何かを得ようとしているのである。たとえば、周囲の人からの尊敬とか、恋人からの賞賛とか、何かを得ようとしている。

しかも、その得ようとしているものが「自分の弱点を隠そうとする人」にとっては、ことのほか大切なものなのである。弱点が表われてしまうことは、それを失うことである。だから弱点が表われたときの落胆は、普通の人が想像するよりも大きい。「自分への絶望」というのは、決して大袈裟な表現ではない。

なぜ好かれようとして、評価されようとして、そこまで必死になるのか？

それは淋しいから。劣等感があるから。しかし、それだけでは説明がつかない。

淋しいだけではなく、嫌われて低く評価されたときの恐怖感があるからではないか。

小さい頃に、期待しただけの評価を得られなかったときの恐ろしさに、大人になっても支配されているのではないか。

実はそのときに心の中に敵意が生じたのである。

大人になってからは、もしかすると弱点が表われたときに、周囲の人はその人に親しみを感じているかもしれない。

しかし本人は蔑視されたと思っている。

フロイデンバーガーは、燃え尽きることから自分を救うためには「親しさ」を培うことであると述べている。ここで言う「親しくなること」こそ、打ち解けることなのである。

親しい人とは、自分の本音を出せる人のことである。

親しさを培うことで、なぜ燃え尽きを防衛できるかというと、親しい人の前では、弱点が表われることを過剰に気にしないでいられるからである。

親しい人とは、実は自分の力を十分に発揮させてくれる人なのである。他の人の前ではできないことでも、その人の前ではできる、という人が、親しい人ということである。

では、どうしたら人に認めてもらえるのか？　人に認めてもらいたければ、人の苦労を認めることである。

敵意を持つことの最大の問題は、周囲の人を認めなくなることである。

敵意を持つと、たえず周囲の人が自分のことを攻撃してくると錯覚する。自分の弱点が攻撃されることを恐れる。そこでいつも虚勢を張っていなければいけなくなる。

やさしい人と、敵意を持った人の違いは、ここである。やさしい人は、周囲の人のことを認める。他人の努力を認める。他人の苦労を認める。他人の立場に配慮する。

やさしい人は、人を好意的に見る。ここが敵意のある人との決定的違いである。

その結果、やさしい人は人間関係がうまくいく。敵意のある人はうまくいかない。

敵意のある人は、周囲の人が自分のことを認めてくれていないと錯覚する。それは劣等感があるからである。劣等感と敵意は深く関係している。

やさしい人は、自分の弱点を認めるから周囲の人は好意を持つ。敵意のある人は、自分の弱点を認めないから周囲の人は好意を持たない。

敵意のある人は、自分に弱点があったら、人は自分のことを認めてくれないと錯覚している。

そこで周囲の人の弱点を見つけて心の中で軽蔑する。したがって、周囲の人もその人を嫌いになる。

こうして劣等感や敵意のある人は、お互いの敵意や軽蔑が悪循環して人間関係が悪くなっていく。

5 「親しさ」の真の意味

同じて和せずの関係

人はどうして親しくなるか。それは自己開示するから。弱さを出せることが、親しいということである。

当たりがいい、愛想がいい、ということと、コミュニケーションができている、ということは違う。「愛想がいい」ということは「演じている」ことである。

演技が無理になったところで挫折する。つまり、うつ病とか無気力とかノイローゼとかになる。

感じたことを表現できない。自分を出せない。嫌いだけど、嫌いと言えない。こういう場合、お互いに愛想がよくても親しくはない。

嫌いと言っても捨てられない、嫌《いや》なことを嫌と言っても関係が切れない。そう感じていることを親しいという。

捨てられる不安がない心理的な関係を「親しさ」と呼ぶ。

ホントのことを言っても相手は傷つかない。逆に相手が自分をけなしても自分のことを好きだと知っている。それが親しさ。

相手が何かを話している。その話題に関心がない。そのときに「私は関心がない」という顔をしながら聞けること。それが親しさ。

もちろん状況によっては、それは社会性がないということになる。

たとえば、「風邪だから休みたい」と上司に言えない。それは親しい関係ではない。頼まれたことを断れない。それは親しい関係ではない。

自由に議論しているとき、人は心がふれ合っている。

論語に、「君子は和して同ぜず」とあるが、それはふれ合っているということである。

「小人は同じて和せず」とあるが、「執着性格者は同じて和せず」である。それは、迎合するけれど心がふれ合わない、ということである。

先に書いた「嫌いだけれども仲の良い関係」ということである。

同じ意見であることが、ふれ合うことではない。それは迎合タイプの従順にしかすぎないことがある。

従順な人は裏切る。状況が変われば逃げる。

それは会社以外の日常生活でも同じ。

人と親しくなれない人は身を飾っている。ウソの生活をしている。だからすべてが不確かなのである。

よく「私はあの人を知っている」と言う人がいる。それは「私はある食べ物を見た」と言っているのと同じである。それを食べたわけではない。

親しい関係になってこそ、「私はある食べ物を食べた」ということになる。

燃え尽き症候群の人や執着性格者は、人を知っているが、親しくはない。「私はあの食べ物を見た」ということであって、その食べ物を食べてはいない。

人は相手の無意識に反応している

執着性格者は「弱点を出すまい、出すまいと気を遣う」ということをすでに何度も書いた。執着性格の人は、人を信じていないから、弱点を出すまい、出すまいと気を遣う。

弱点を出すまい、出すまいと気を遣うような人は、どんなに努力しても人はついていかない。人の心からの協力は得られない。

弱点を出すまい、出すまいと気を遣う人は、周囲の世界を敵と見ているからである。ベラン・ウルフの言うように、人は相手の無意識に反応する。

執着性格者は、自分が立派でないと人はついてこないと思っている。それが間違いなのである。

こんな弱点のある私が努力しています、という姿勢があるからこそ、人はついてくる。執着性格者が「弱点を出すまい、出すまいと気を遣う」ということは、弱点のある自分を自分が受け入れていないということである。自分を受け入れていない人に、人はついていかない。

だから、執着性格の人は真面目であるが、人から信じられない人たちなのである。また、逆に執着性格の人も、相手を信じていない。

執着性格の人は、人の愛とか誠実を体験として知らない人たちである。一口にいって、生きることを楽しんでいない人たちなのである。

ヒルティー（Carl Hilty）は「きわめて低俗な人々は、もちろん恐れのみを知って愛を知らない」と述べている。この考えでいけば、執着性格とは極めて低俗な性格ということになるが、それは言いすぎであろう。

ただ「恐れのみを知って愛を知らない」執着性格者は、真面目だけれども人望がない。そして、なぜ自分に人望がないかが理解できない。

執着性格の人にとって、人と打ち解けることは仕事で真面目に努力することよりもはるかに大切なことである。

真面目に努力して叶わなかったことが、人と打ち解けることでどんどん叶い始める。真面目に努力してできなかったことが、努力しないで実現するようになる。

それは周りの人が、その人のために動き出すからである。周りの人が、その人のために陰で働き出すからである。

人に好かれるとは、そういうことである。目に見えないところでだれかが働いてくれる。

また打ち解けることで、その人の能力が驚くほど大きくなっている。打ち解けない緊張した関係では、人の能力は落ちる。

それは、ストレスで人がどうなるかを考えればすぐにわかることである。

打ち解けるためには、まず心の底の敵意を意識化することである。

執着性格者は、ときに人間関係で「なんでこうなるのだ」と怒り心頭に発することがあるかもしれない。

それは自分が「ここまで」努力しているのに、皆が自分の意に反して動くからである。

しかし周囲の人は、執着性格者の心の底にある敵意に反応しただけかもしれない。

それは職場だけではない。家庭でも同じである。

よく真面目な努力家の父親から子どものことで「なんでこうなるのだ」と怒りの相談を受ける。

親のほうが「こんなに努力している」のに、子どもが引きこもりになった、犯罪を犯した等々である。怒る気持ちはよくわかる。

しかし多くの場合、子どもは真面目な父親の無意識の領域にある敵意に反応しただけである。

つまり、そこまで真面目に努力しなくても、子どもと打ち解ければ家庭でもうまくいったかもしれない。

相手の言葉を重く受け止めてしまう

執着性格の人は、打ち解けた人とダラダラと時を過ごすことの大切さを理解していない。

ダラダラと話している。その会話の時間がリラックス。それが癒し。

子どもが子守歌を聴きながら寝てしまう。

話をしながら寝てしまう人が、リラックスしている人。

あるいは雑然とした部屋で、ぼんやりと時を過ごすことの大切さがわかっていない。もしそうしたら、時間を無駄にしたと感じて焦ってしまう。

「ハーヴァード大学医学部では、現在継続中の一連の研究によって、体の『リラックス反応』を引き出す簡単なテクニックが、高血圧症から偏頭痛、過敏性大腸症候群まで含むさまざまな病気を抱える患者の症状を緩和するらしいことがわかっている」(Mind/Body Medicine, edited by Caniel Goleman, Ph.D., and joel Gurin, Consumer Union, 1993, p.10)。

他人といて、リラックスしているときは、自分の弱点とか、自分の長所とかが頭の中にないときである。

その人といて、弱点を気にすることもないし、長所を得意になることもない。

人は人とコミュニケーションができ、リラックスして心安らかなときに、自分の本来の能力を発揮できるのである。

うつ病になりやすい人が、もしリラックスしたらものすごい力を発揮すると私は思っている。

ところが、彼らは自分の弱点を見せまいとしているからリラックスできない。自分のよいところを無理して見せようとしているときには、リラックスできていない。リラックスできないから、もともとある力を発揮できない。

うつ病になりやすい人は、真面目で仕事熱心なのだが会社でも部下に人望がないし、家でも子どもと心がふれ合っていない。

ジョークがスムーズに出るときには、その父親の顔は子どもの顔になっている。その父親は子どもの環境に溶け込んでいる。子どもはそういう父親といるとリラックスできるし、父親を好きである。

うつ病になりやすい人は、人と一緒にいても打ち解けない。一緒にいても心理的には相手と常に遠い距離がある。

相手と打ち解けなければ、相手の求めていることがわからない。打ち解けなければ人は本音を言わない。

相手の求めているものが的確につかめないから、努力しても信頼関係が築けない。

うつ病になりやすい人は、相手が何を求めているかがわからない。

それは相手に興味と関心がないということである。

人は「自分の気持ちをわかってくれる人」に好意を持つ。

前著『「うつ」になりやすい人』で、うつ病になりやすい人は仕事熱心だと書いた。しかし、残念ながら彼らは仕事熱心だが人望がない。それは周囲の人の気持ちを理解していないからである。

小さなことでイライラする執着性格者は、本音で話していない。

執着性格者は、生真面目だから相手が軽く言ったことを重く受け止めてしまうことがある。相手の言うことをどのレベルで受け取ったらいいかを間違える。

無責任だが素直な人は、案外相手にも責任を求めてはいない。

この点で、執着性格者は世間とのズレがある。

だから一生懸命努力しても、人生は先細りになる。また、ときによってトラブルに見舞われることもある。

心がふれ合っていないから、相手が何を望んでいるかがわからない。相手が何を嫌がっているかもわからない。

そこで相手に好かれようとして一生懸命になるのだが、相手から好かれたり信頼されることはあまりない。

それは、ときに彼らが相手が望んでいないこと、されたら嫌なことを、一生懸命にすることがあるからである。

相手がしてほしいことで、自分ができることは沢山あるのにそれはしない。

そうなれば、人間関係で努力してもなかなか報われない。

努力しても報われなければ、傷つくのは当たり前である。「あの人のためにこんなに頑張っているのに」と悔しい。

そうして、相手に対して憎しみを持つ。しかし、その憎しみを意識できなくて無意識に追いやる。

第2章

「従順」は舐められるだけ

1　なぜ我慢が活きないのか？

いらない人間関係は「捨てる」

よほど情緒的に成熟した人でない限り、普通の人は常に平静に心を保とうとしても、なかなか保てるものではない。

こちらが好意でしたことを、当たり前のこととして扱われるとだれでも不愉快である。それが小さな好意であっても不愉快である。

好意で同僚の仕事を手伝った、好意で隣の家のベンチをつくってあげた、好意で知人に駐車場を貸してあげた、それなのに一言の礼も言わずに知らん顔をされた。それどころか、陰でこちらの悪口を言っているらしい。

そういうときに、普通の人は不愉快になる。そして、ついついその人に自分の意識がとらわれてしまう。考えれば考えるほど、そっちに意識がいってしまう。

そして、それほど大きなことではないのに、それが積み重なると何となく悔しくて眠れない夜を迎えてしまう。

眠れないということが、心身共に疲労させる。と同時に、「悔しくて眠れない」ということ自体が、その人への不快感をさらに強化してしまう。

「あの人のために眠れなかった」と思うと、またさらにその人が不快になる。

眠れなかったのは、たしかにその人への不快感が原因である。しかし、自分の心が動揺しやすいということが最大の原因なのである。

もし他の人なら眠れたかもしれない。他の人なら適切に対処をして、そのことで煩わされずにすんだのかもしれない。

対処の仕方として望ましいのは、何よりもその不愉快な人によく思われたいという気持ちを「捨てる」ことである。

だいたい些細なことで不愉快になり、夜も眠れなくなる人は、傷つきながらも、まだその人たちから嫌われたくないという弱さがある。

その弱さをずるい人は見抜いてくる。そして、こちらが無理して見せた好意より、さらに大きな要求をしてくる。ずるい人は感情的恐喝もする。

つまり「友達なのにこんなこともしてくれないんですか?」とか「あなたがしてくれると

信頼していたんですが」といった言い方である。

傷ついて眠れぬ夜を迎えたことのない人は、「このような人には嫌われてもかまわない」「喧嘩をしてやる」、そのようにハッキリとした態度をとれる。

喧嘩をするということは、その人を「捨てる」ということである。

うつ病になりやすい人は、「捨てる」ということがなかなかできない。

「あの人はもういい」と心の中で「捨てる」、これがエネルギッシュに生き延びるためには、どうしても身につけなければならないことなのである。

円満解決は憎しみを生み出すだけ

エネルギーがない人は、不要なものをなかなか捨てられない。エネルギーがない人は躊躇《ちゅうちょ》する。

人は捨てられるから元気になる。元気になるから捨てられる。好循環していく。

悩みを深化させて眠れなくなってしまう人は、このようにハッキリとした態度がとれない。

不愉快だ、という感情を相手に向かって直接表現できない。問題は不愉快な感情そのものよりも、その不愉快な感情を表現できないことにある。

感情を表現するとは、感情を「出す」ことである。

眠れないのは、相手の高慢な態度とか、失礼な言動とか、ずるい態度ではなく、それに対するこちらの煮え切らない態度である。そこから生じた迷いとか心の葛藤で眠れないのである。

それなのに、眠れないままにいつまでも心の中で相手を責めているだけで、それを表現できない。そうなれば悩みはいっそう深まるだけである。

自分の意志を言えないで不愉快さを我慢するから、うつ病になる。

円満解決すると不満が出る。

人間関係を維持することではなく、道を拓くことを考える。

穏便さは地獄を招く。

不愉快さを我慢して、迎合していたから、うつ病になったのである。

実は、迎合していても評価してくれる人はいない。その人との場は安らぎの場ではない。

うつ病になるような人は、それがわかっていない。

うつ病になるような人にとって、穏便なんてありえない。そのときには憎しみが出る。相手に合わせているだけで、無理がある。

静かにしていると、相手は「うまくいっている」と思っている。しかし、皆が無理している。周りは収まっていると思っているが、そうではない。

人を悩ます人というのは、質《たち》の悪い人である。譲れば譲るほど、つけあがってくる。

こちらが我慢すると、向こうはそれが当たり前になる。こちらが低姿勢に出ると、相手は傲慢《ごうまん》になる。

自分のすることを強く貫いていれば、結果はよくなっている。そのときにその場がどんなに混乱しても長い人生を考えると、そのほうがよかった。

たとえば、その場で「あいつをはずせ」と、自分の意志を言う。結果はどうであれ、それが道を拓く。

自分の条件をはっきりと言えた。

たとえ、その人をはずせなくても最初は自分の意志を言えたことで十分である。

そのことで怒鳴られても、その恐怖とストレスに耐えることのほうが、結果は望ましい。

スッキリとする。我慢が活きる。

こうして強くなる。

どこかに倒した喜びがある。

「あいつにはもう嫌われてもいい」と心に誓うだけでいい

ある塾での話である。ずるい保護者が先生に願書を書いてほしいと頼んできた。先生は、その保護者が煩わしいので願書を書いてあげた。

すると今度は、子どもが風邪をひいたので学校の担任の先生に手紙を書いてくれと言ってきた。

次から次へと要求をしてくる。塾の先生は本当は断りたいのだが、煩わしい保護者で周囲に何を言われるかわからないので、ついつい要求に応えていく。

とにかく、塾の先生が何かを好意で書いてくれると、その保護者は、舐めてもっと要求してくる。

もちろん感謝の気持ちなどない。それが塾の先生には不愉快である。でも我慢する。

ストレスや悩みから眠れなくなってノイローゼになる人は、たいていこのようなずるい人たちに囲まれている。

そういう人たちに囲まれていると、日々悩みが積み重なっていく。昨日の不愉快さが消えないどころか深まっていくうちに、今日の新しい不愉快さがやってくる。

そうして少しずつ、少しずつエネルギーを吸い取られていく。生き血を抜き取られるように、毎日少しずつ生気を失っていく。

一つ一つをとれば、その悔しさはたいしたことはないと思うかもしれないが、それが毎日続けばだれでもやつれていく。

気がついたときには、心身共に消耗して立ち上がれなくなっている。

大切なことは、マイナスの感情を相手に伝えることである。そのためには相手を「捨てる」ことが必要である。

「あいつにはもう嫌われてもいい」と心に決めるだけで、違ってくる。いつまでも相手から認めてもらいたいと思っていれば、眠れぬ夜は避けられない。

「あんな奴に認められなくてもいい」と心に誓うことである。

つまり、自分を傷つけたずるい人が自分の悩みの原因だと思っていると、なかなか悩みから抜け出せない。悩みの種を育てているのは、自分の心である。

自分が眠れないのは、自分の弱さだと理解しないと、いつまでも悩みを引きずってしまう。

そして一日一日、マイナスの感情を処理していくことである。処理するとは感情を出すことである。感情を表現することである。

あるいは、本当に自分の心の中で相手が問題にならなくなることである。

そして処理するときに、二価値判断に陥らないことである。白か黒か、失敗か成功か、というゼロか百かで考えない。

今回は「あいつにはもう嫌われてもいい」と心に誓えたことだけでも成長だと解釈することである。

「あー、こんなひどい扱いをされても、まだ自分は相手から高く評価されたいのだな」と自分の弱さを自覚するだけでも、悩みから抜け出す第一歩である。

うつ病になるような弱い人は、何十年もかけて直接相手に本心を言えないような人間になってきたのである。一朝一夕に、不愉快な気持ちを直接相手に言える人間になれるものではない。

周りに訴えるのは逆効果

いくら「あの人はひどい人だ」と別の友人に訴えても、基本的に悔しい感情は消えるものではない。ときには「あの人はひどい人だ」と別の人に言い続けることで、かえって悔しい気持ちは強化される。

直接相手に言うのではなく他人に訴えることで、いつまでも長くその悔しい気持ちを引きずってしまう。悔しい気持ちは消えないどころか強化される。

そのように悔しい気持ちを表現できない人は、弱いからまた次の日に別の悔しい感情を味わうことになる。そして、その新しい悔しさもまた表現できない。

そうして、来る日も来る日も悔しい感情が降り積もる雪のようにうず高くなって、最後にはうつ病のような心の病に陥っていく。

『言いたいことが言えない人』の中で、恥ずかしがり屋の研究者として名高いジンバルドー（Philip Zimbardo）が、恥ずかしがり屋の人はうつ病になりやすいと言っている、と書いた。

それは今説明したようなことからも、恥ずかしがり屋とうつ病者との関係は、理解できるであろう。

悔しい気持ちを相手に直接言えれば、悔しい気持ちは解消する。しかし言えない。それが日々積もりに積もっていく。

だから恥ずかしがり屋の人が、いつか、うつ病になるのは十分理解できるであろう。

ある神経症の子どもの治癒のときに飴をあげた。そして「家のどこを思い出す?」と聞いてみた。

その子は泣いたトイレは覚えていた。食事のことはほとんど忘れている。

なぜか？

それは感情が出たところが、トイレだったからである。そのくらい感情を出すということは重要なことなのである。

悔しいとき、訳もなく悲しいとき、その子はトイレで泣いた。

トイレで感情を出すことが、その子にとって唯一経験の名に値する経験だったのである。

その子には、それ以外の経験がなかった。色々と恐怖の経験はしているが、心に深く刻まれる経験はなかった。

その子ばかりではなく、そうした人たちにとって会話は聞くことだった。彼らは何を話したかは、かすかな記憶しかない。彼らは会話の中で、感情を出すことがなかった。

その人たちは、自分の心が家とかかわっていない。何よりも家が嫌いだった。

それは家が感情を出せない場所だったからである。

そして心理的に病んだときには、周囲には質の悪い人ばかりしかいなくなっている。

質の悪い人は、だれが弱いかを的確に見つけて、その人から搾取《さくしゅ》していく。

質の悪い人がすべて強いわけではない。なかには弱い人もいる。しかし、質が悪くて弱い人は「この人なら絡める」と判断する。

するとその人に絡んで、自分の心の傷を癒そうとする。

そういう質の悪い人に絡まれると、たとえば、約束は破られる。

「これはしないでほしい」と言って「しない」と約束する。しかし彼らは、平気で約束を破る。相手を舐めているからである。

約束を破られればだれでも悔しい。その悔しさを表現できないことで消耗する。

その悔しさを恋人に話したり、気を紛らわそうと静かに本を読んだり、色々しても悔しい気持ちは解消しない。

「悔しい気持ち」は、人に話して解消するものではない、ということを肝に銘じるべきである。

失恋をして酒を飲んでも心の傷は癒されないように、ひどい仕打ちにあって悔しくて酒を飲んでも傷は癒されない。

まさに歌の文句の通り「さめてなおます胸の傷」である。

あるいは「あんな人のことは忘れよう」と自分に言い聞かせても、そう簡単に忘れられるものではない。

本当に相手にしなくなるまでは忘れることはできない。そこまで大物になるのには時間がかかる。

大きくて強い犬は、小さくて弱い犬がキャンキャン吠えても相手にしない。そこまでになるのには時間がかかる。

「忘れよう、忘れよう」と言い聞かせているうちに、どんどん気を取られていく。忘れようと努力することで、エネルギーを吸い取られていく。

「忘れよう、忘れよう」というのは消極的な姿勢である。

何か楽しいことがあって気がついたら忘れていた、というのが理想である。しかし何もしないで、ただ「忘れよう、忘れよう」と努めるのはエネルギーを消耗するだけで、効果はあまりない。

好意は相手にも好意がないと意味がない

だから何か悔しいことがあったときには「今ここで戦うか、それとも心を病むか？　どっちを選ぶか？」と自分に言い聞かせて戦うことである。

弱い人は、不当なことを要求されても従順にしたがうことで生きてきた。不安に対しては、従順で乗り切ってきた。しかし、従順に行動することで心はより不安になっただけなのである。

したがって、弱い人が戦おうとすると、戦う相手がどんな人でも、ものすごく不安になる。なぜ自分はこんなに不安になるのかわからないほど不安になる。どう考えても、こんなに不安になるのはおかしいと思うほど不安になる。

それは「もう嫌われてもいい」「自分はどんなにひどい人と言われてもいい」と覚悟して戦う経験が初めてだからである。

それまでに「捨てる」という訓練をしていないからである。だれかに認めてもらうと、その認めてもらえたという評価を「捨てられない」。

従順に生きていくうちに、普通の人よりも弱くなってしまっている。

従順に生きることで、普通の人よりも悔しいという感情を表現できなくなっている。

しかし、このままの生きる姿勢でいけば、今までよりもさらに質の悪い人が周囲に集まってしまう。

今までよりも、日々、もっと悔しい気持ちに支配されながら生きていくことになる。

ときどき眠れない日があったのが、ほぼ毎日眠れなくなる。そして、やがては強い睡眠薬がなければ眠れない日がやってくる。

どこかで悔しい気持ちに対処する方向を変えなければならない。「従順」という方向から「戦う」という方向に変えない限り、先は拓けない。

弱い人の心が病めば病むほど、周りにいるずるい人は「得した気持ち」になってほくそ笑んでいるだけなのである。

弱い人は「やっていないこと」でも相手から「やったでしょ」と言われると「やった」と言ってしまう。

そして最後には「やった」と本人も思ってしまう。「思ってしまう」というよりも「思わされてしまう」といったほうがよいかもしれない。

なんでそこで「やった」と言ってしまうのか、普通の人は疑問に思うが、うつ病になりやすい人は、そこで「やっていません」と言えないのである。

また、逆に自分がしたことでも「していないでしょ」と言われると、つい「していない」と言ってしまう。

そして「していない」と言ったあとで悔しい気持ちになる。その悔しい気持ちを処理できないで心の中にため込む。

好意は好意と一緒になってこそ意味がある。こちらの好意は、相手も好意の人であるときに意味がある。

しかし、世の中にはずるい人が沢山いる。相手の好意を利用して、自分の不当な利益を上げようとする人が沢山いる。

ずるい人に会わないで、この世の中を生きることはできない。夏に林の中を歩けば蚊が刺してくる。それは仕方のないことである。

ずるい人、質の悪い人に好意を示すと、骨の髄までしゃぶられる。好意を示したことが前提となって、次の話はそこからスタートする。

一度好意を示すと、それは取り消しにくい。そこで、悔しいけれども、どうしてもそこから話が始まってしまう。

そのたびごとに悔しい思いをする。最初の好意が仇《あだ》となって、ノイローゼになる人は沢山いる。

好意は相手が質のよい人であることを確認するまでは示してはならないが、うつ病になりやすい人は、その確認をしないで、無理をしてやたらに周囲の人に好意を示す。

「一度好意を示すと、それは取り消しにくい」と書いたが、もちろんこれは善良な人で、質の悪い人は「そんなことを言うならやめた」とすぐに好意を取り消す。

しかし、見知らぬ人に好意を示すような人は善良で気が弱いから、一度言ってしまったことは取り消しにくい。

すると、不本意な上にもう一つ不本意なことが積み上げられていく。不愉快な気持ちを処分しないうちに、次の新しい不愉快な気持ちが心の中に積み重なる。

処分しなければならないゴミが、家の中に積み上げられて家からはみ出してしまうような状態が、心の病である。

八方美人をやめる

うつ病の病前性格として、八方美人ということがよく指摘される。

周囲の四方八方から、不本意なことを受けているのが八方美人である。接する人一人一人に対して悔しい気持ちになる。四方八方で我慢する。うつ病にならないほうがおかしい。

不愉快な気持ちを我慢している。しかし相手は、この我慢している気持ちを理解してくれない。相手はうつ病になるような人の気持ちを理解しない場合もあるし、わかっても無視する場合もあるだろう。

ずるい人は、相手が我慢しているのがわかっても無視する。それよりも「この人は我慢するから何をしてもいい、もっと取れる」とずるい人は思うだけである。

やがて我慢にも限界が来る。そうなれば、いつか無気力になっても不思議ではない。

それが生きることがつらい人である。

アメリカでも、日本ほどではないが、うつ病はやはり大問題である。推測するにアメリカのうつ病者は日本よりもつらいのではないかと思う。

日本では黙っている人に対して、文句があっても言えないのだろうと推し量る文化がある。

アメリカ人だって、うつ病になりやすい人は、外向的な人に比べれば、直接文句を言えない人もいるだろう。それなのに、文句を言わないことを「文句がない」と解釈されたらたまらない。

傷ついて不愉快な気持ちになっても、直接には何も言えなくて黙ってしまう人はどこの国にもいるのではないか。それが多い国と少ない国の違いはある。

日本では、黙っている人に対して、文句がないから黙っているとは必ずしも思わない。文句があっても言えないのだろうと思う人も多い。

しかし、弱い人が戦って強くなったときには、その人の人生は素晴らしいものになっている。

搾取されている弱い人は、やさしい人が多い。やさしい人が強くなったときには、だれよりも人生の豊かさを味わえる人になっている。

はじめから強くて、恵まれた人間環境で生きてきた人よりも、はるかに豊かな感情になっている。洗練された豊穣な人生が待っている。

それだけのものを味わうためには、それだけに苦しみや不安を乗り越えなければならない。

乗り越えた苦難の量だけ豊かな人生になる。

2 自分を卑下しない

心が動揺して初めてわかる自分がある

前節では、感情を表に出すことの大切さを中心に書いた。この節では、心の鍛錬ということに焦点を当ててみたい。これらは車の両輪のようなものである。

キリスト生誕の三百年も前にエピクロスは「賢人は確固とした意見を持っており、どんなことでも動揺したり迷ったりしない」と述べている。それはキリストが生まれたときでさえ、すでに昔話になっていたと作家のジョージ・L・ウォルトン（George Lincoln Walton）が『Why Worry?』（拙訳『今の悩みは無駄でない』三笠書房、一九九三年）の中で書いている。

世の中には、ちょっとしたことでとたんに動揺してしまう人は多い。ふとした拍子に、嫌なことを思い出して心が動揺してしまう。

私なども何か不愉快な情報が入ったり、自尊心を傷つけられるようなことを言われたり、何か不当に邪魔をされたりすると、すぐに怒りや悔しさで心が動揺する。

なんでこんなことで、こんなに動揺するのだ、と自分でも情けなくなるが、どうしようもない。

自分を深く傷つけた人の姿を見るだけで、心が動揺してしまう。そして、その心の動揺はなかなか収まらなくて、その夜は悔しくて眠れなくなってしまうこともある。

熟睡は多くの場合、その人の人格が優れていることを表わす。

夜中に、われながらこの程度のことで眠れなくなる自分が情けなくなるが、それでもすぐに心が動揺してしまう自分をどうすることもできない。

そして、ある屈辱で寝られないでいると、次から次へとかつての悔しいことが思い出されてくる。

自分に屈辱を与えた人が、頭の中にオンパレードになってくる。心の底に眠っていた「忘れたはずの事件」が、ある悔しい事柄をきっかけに次から次へと思い出されてくる。「そういえばあいつも」と自分を卑《いや》しめた人が思い出されてくる。「そういえばあいつにも騙された」と思い出さなくていい人まで頭に浮かんでくる。

ある人から手玉に取られたということがわかる。当然悔しい。すると忘れていた人が思い出されてくる。あいつにも軽く扱われた、あいつにも舐められたと思い出されてくる。

そうすると眠れなくなる。

エピクロスに言わせれば、私などはとても賢人とはいえない。

エピクロスの言う賢人とは、マズローの言う「自己実現している人」である。

「他人なら騒ぎが起きるようなことにもいらだたず、心を乱されずにいられる。彼らにとっては離れて身を静かに保ち、穏やかでいることはたやすいことなのである。かくして、彼らは普通の人々のように個人的不運に激しく反応したりすることなしにそれを受け止めることができるようになる」(Motivation & Personality, Harper & Row, 1954, 小口忠彦監訳『人間性の心理学』産業能率短期大学出版部、一九七一年、二三八頁)

世の中には、道端でも平気で他人を罵倒《ばとう》する人がいる。平気で他人の悪口を言いふらす人がいる。

しかし、そのような行為をなかなかできない人もいる。そして、そのような行為を品位がないと思ってできない人のほうがノイローゼになる。

「恥も外聞もない」という言葉がある。恥も外聞もない人は何でもできる。だいたい恥も外聞もない人はノイローゼにはならない。

しかし繊細で感じやすい人は、すぐに傷つき、またその傷を癒すこともなかなかできない。

そのように繊細な人が、「どんなことにも動揺しない」人間になるには、月日がかかるであろう。

それが心の鍛錬である。心の砦をつくるには時間がかかる。

自己実現して生きているうちに、しだいに心の砦はできてくる。

自分がちょっとしたことで激しく動揺したときには、「これは自分に何を教えているのか？」と問いかけ、自分がまだ十分に自己実現していない生き方をしているかもしれないと考えることである。

心の動揺は、自分がどんな人間であるかを自分に教えてくれる。

トラブルは修行の場である

先ほども紹介したが『Why Worry?』という本を書いたジョージ・L・ウォルトンという作家によると、エピクロスは生まれつき繊細で感じやすい人だったようである。

私はそこがすごいと思う。生まれつきあまり感じない人がいる。また自分の不快な感情をすぐに表現できる人がいる。そして不快なマイナス感情を吐露《とろ》してしまうことで感情の処理ができる人がいる。

しかし繊細で感じやすい人は、すぐに傷つき、またその傷を癒すこともなかなかできない。そのように繊細な人が、「どんなことにも動揺しない」人間になるには、月日がかかるであろう。でも動揺しない人間になれる。

それが心の鍛錬である。

ジョージ・L・ウォルトンによると、エピクロスは七歳のとき、爪先立ちができず、自分ほど弱い子どもはいないと思っていた。

少年時代には、自力で椅子から降りることができず、太陽や火を見ることもできなかった。また、皮膚が非常に弱くて、簡素なチュニック以外は何も着られなかったという。

そんなふうであるから、彼はことあるごとに大騒ぎし、何かにつけクヨクヨするような人だったとも考えられるとウォルトンは言う。

そうだとすれば、彼は、自分の哲学を実践することによって、このような性癖から解放されたに違いないと、その本には書かれている。

そしてこれが心の鍛錬である。

すぐに動揺してしまう私たちには、エピクロスのような人は非常な励ましになる。

私などもどちらかというと繊細ですぐに傷つき動揺するほうだから、この繊細なエピクロスが感情のコントロールを身につけたということは、たしかに励ましになる。

先に書いたように、私などは人から屈辱的な扱いを受けて傷ついてしまうようなときにはすぐに動揺する。怒りで心理的に不安定になる。そして悔しくて夜も眠れなくなる。

しかし、エピクロスは次のように言っている。

「賢人は起きているときと同じように、眠っているときも心は安らかである」

私などは「愚かな人間は相手にしない」と何度自分に言い聞かせても怒りは収まらない。悔しくてどうにも気持ちを安定させることができないときがある。

ウトウトと寝ていても途中で目が覚めれば、頭に浮かぶのは自分を傷つけた人である。そして再び怒りで眠れなくなる。

「エピクロスは心の安らぎを得るために、世俗の生活を離れよとは言っていません。しっかりと自制心を持ち、安直に手に入るものをほしがるのをやめれば、普通の生活の中でも心の安定を維持することができると言うのです」

ここでエピクロスは「安直に手に入るものをほしがるのをやめろ」と言っている。私たちの悩みや怒りの原因の中には「欲」があることが多い。

安直に手に入れようと思ったが、手に入らなかった。安直に何かを手に入れようとする。

そのために障害になった人がいる。するとその人を憎む。許せないと思う。「なんであいつのためにこんな目にあわなければならないのだ」と怒りを感じる。傷つく。しかし、そんなときに自分がもともと安易に、それを手に入れようとしたことに問題があったのだという原点を忘れている。

ここでもう一つ大切な点がある。エピクロスが、心の安らぎを得るために「世俗の生活を離れよ」とは言っていないということである。

だれでも心の安らぎがほしい。そこで、ずるい人や冷たい利己主義者やひねくれた人に絡まれると、そういう人たちから離れたいと思う。その人たちと関係のない世界に行きたいと思う。

するとどうしても現実の世の中から離れて、できれば山の中に住みたいと思ってしまう。そこで修行という考え方も間違う。もちろん山寺に籠もって座禅を組むのもよいが、修行の場は、この傲慢な人がうごめく現実の世の中である。

修行の道場は、「恩を仇で返す人」がごった返すこの現実の世の中である。

人間関係のトラブルからくる悔しさを乗り越えることが修行である。人間関係のトラブルの中で、心の安らぎを維持できるようになるのが心の鍛錬である。

人から嫌がらせを受けたときには、立ち向かわなければいけないが、同時にここが修行の場だと考えることである。

ストレスがあっても心の安寧を保つ

哲学者にしてローマ皇帝マルクス・アウレリウス・アントニヌスについても、この本の著者は述べている。

活動的な生活の中でも安らかな心が保てることを、彼は言葉だけでなく実践を通して示した。

「その頃、ローマ帝国は異民族の侵入に脅かされて、辺境地域での戦いに明け暮れ、国内にも問題をかかえていました。生まれながらに、その大帝国の頂点に立つ運命にあった彼は、軍隊を指揮するだけでなく、自分自身をも治めるだけの力量を身につけていました」（George Lincoln Walton, Why Worry?,『今の悩みは無駄でない』）。

「異民族の侵入に脅かされて、辺境地域での戦いに明け暮れている」ということは、現在の平和な時代の私たちには想像のできない恐怖だろうと思う。

私たちのトラブルは、所詮殺し合いのところまではなかなかいかない。人の嫌がらせで心理的に参って死んでいくことはあっても、刃物で殺されるのではない。

しかし、皇帝マルクス・アウレリウス・アントニヌスは本当に刃物で殺されるかもしれなかったのである。

そしてそのように外敵と命を懸けた戦いをしているときに、国内に問題を抱えていた。たとえば、皇帝の座を奪おうとしている者がいた。

今のビジネスパーソンのストレスは会社にある。しかし、ストレスチェックで調べてみると案外、家庭のストレスもある。

しかし、皇帝のストレスは今のビジネスパーソンの会社と家庭のストレスどころではない。会社でも家庭でも殺し合いの戦いをしていると思えばいい。それはものすごいストレスである。まさに、常に命の危険な戦場にいるようなものである。

そして、私たち現代のビジネスパーソンは、職場と家庭の両方がストレスだと心理的にパニックになり、自律神経失調症になったり、燃え尽き症候群になったり、うつ病になったりする。

それなのに皇帝マルクス・アウレリウスは「自分自身をも治めるだけの力量を身につけていた」という。

それは彼の持って生まれた資質もあるだろうが、彼は、生涯を通じて修練を忘れなかったという。

修練を忘れないということは、「この悔しいことは自分に何を教えているか？」を自らに問いかけて、自分の至らなさに気がつき、それを乗り越えようとすることである。

恥も外聞もなく、声を張り上げて感情のままに暴れ回ることではない。

先の節で「感情を出す」と言ったのは、決して「恥も外聞もなく、声を張り上げて感情を出す」ようなことを言っているのではない。

自分の意志をハッキリと相手に伝えるということである。

汝の敵を愛せなくてもいい

現実の世の中には「お節介、恩知らず、傲慢な者、ペテン師、嫉妬深い者、利己的な者」はウヨウヨしている。そして、私たちはその人たちとかかわらないで現実の世の中を生きていくことはできない。

皇帝マルクス・アウレリウスは「彼らが皆そうなってしまったのは、何が善で何が悪かを知らないからだ」と言う。

なかなか普通の人にはこうは思えない。少なくとも、私は彼らと接したときには怒りが先行して「彼らが皆そうなってしまったのは、何が善で何が悪かを知らないからだ」とは考えられない。

おそらく「汝の敵を愛せよ」というのは、人生で最も難しいことであろう。ストレスで血圧が高くなったときに、「汝の敵を愛せよ」を実行する以外に、救われる道はない。そう思っても簡単にこの言葉を実行できるものではない。

ストレスが血圧に悪いと大人は知っている。そして、血圧の高さは自分を殺す原因になりかねないと知っている。しかしストレスを収められない。

悔しいと気持ちを収められない。

もちろんそのように考えられる人は、それに越したことはない。しかし、なかなか考えられないときには無理をする必要はない。

許し難い人を許そうとすれば、それがさらに大きなストレスになる。

悔しくて眠れない夜に、その人を「許さなければならない」などと思ったら、それこそ頭がおかしくなってしまうか、自殺してしまう。

「あんな搾取タイプの人は相手にしない」「あんな質の悪い人は相手にしない」「オレはあん

な卑怯な人間を相手にするほど愚かな人間ではない」と、いくら言い聞かせても悔しい気持ちは消えていかない。そう自分に言い聞かせても、怒りは心の中に燃え続ける。

しかし、これを成し遂げたときに人は安らぎを得る。

ことに「味方と思っていたら敵だった」という人を許すことは難しい。

しかし、これをしたときに人生の達成感を得る。とうとう、自分はここまで到達したということである。

おそらく本当に偉大な人は、ここまで到達したということすら意識しないのであろうが、そこまでは神ならぬ身のできることではない。

愛の搾取をしていた人を許す。

真の愛は、裏切られても愛すること。

恨み続けていた人を「許せるようになったとき」、ふと心に今までにない癒しを得る。

「もうこれでいい」という安らぎである。

とはいえ、悩みが大きいということは、執着が大きいということであり、別の視点から考えれば生命力が強いということでもある。

だから、悩みが多いからといって自分を卑下することはない。自信を持っていい。

そのように考えられる人は、それに越したことはない。しかし、なかなか考えられないときには無理をする必要はない。

私に言わせれば、無理な場合にはまず「いつか必ず復讐する」と心に誓うことである。必ず思い知らせてやる、と誓うのと同時に、他方で自分が復讐しなくても神が復讐してくれると思うことである。

誇りある生き方さえしていれば、神が自分の味方だと信じることができる日が来る。

怒りや憎しみは連鎖する

悔しいときに、だれか自分のことをわかってくれればいい。しかし、悔しければ悔しいほど、だれも自分の悔しさをわかってくれない。

もし少しでも自分のことをわかってくれれば、こんなことをしないだろうと思うようなことばかりを周囲の人はするものである。

一人に腹が立ったときには、その人以外の人にも怒りを覚えることは多い。それは「どうしてわかってくれないのだ」という気持ちがあるからである。

孤独と怒りも同時に生じる。

対象無差別の憎しみは、孤独と深く相関している。「だれも自分の悔しさをわかってくれない」と思う。その孤独が、さらにその人を追い込む。

そんなときには、対象無差別の憎しみになりやすい。「もう、どいつもこいつも殺したい」。

しかし、対象無差別の憎しみになったときには、頭のどこかにおいておくべきことがある。

そこまで悔しいときには、それは、どこかに自分の今までの生き方のツケがあるということである。そのツケがだれのせいであるかは別である。

それは自分の生い立ちのせいかもしれない。愛情のない人間環境の中で成長した結果かもしれない。

しかし、原因が何であれ、対象無差別の憎しみになったときには、原因はともかく、どこかに自分の今までの生き方のツケがある。

「憎しみが憎しみを呼ぶ」というと、イスラエルとパレスティナではないが、お互いに復讐に燃えてしまった人間関係を想像するかもしれない。

しかし、個人の心の中でも、憎しみが憎しみを呼ぶことが多い。

あることが許せないとなると、次から次へと許せないことが出てくる。

周りで起きることが次々に怒りの対象になる。心が安静のときなら何でもないことが、許せなくなってくる。

あることで心が怒りに占領されると、それ以外のことも怒りの対象になってくる。それが「どいつもこいつも」という怒りである。

そして、そこまでくると「あの人」への怒りが収まらないまま対象無差別の怒りに変わってくる。

対象無差別の怒りとは、もう自分の心の中では処理できなくなった怒りである。

それ以外に自分の心を維持できなくなったということである。平静のときであれば、笑ってすませるようなことが、怒り心頭に発することになる。

その次から次へとくる怒りで心が圧倒されて、もう正常な心理の動き方からはずれてしまう。

「いつかきっと思い知らせてやる」が希望になる

そういうときには「自分は決して無力ではない」と何度でも自分に言い聞かせることだ。

「自分は無力だ」と思うことが憎しみの感情を激しくし、心身を消耗させ、最後にうつ病になり、早く死ぬことにさえなる。

どうしても正しいことが通らないことは、世の中にはいくらでもある。法律上できることでも実際にはできないことがある。

「ゴネ得」とか「焼け太り」とかいう言葉がある。筋の通らないことでもゴネていれば、得をするという意味である。公的機関でも何でも周りが現実にことが進まないで困って、そのゴネている人に不当な利益を与えて、従順で黙っている人を犠牲にして、ことを収めていく。

「焼け太り」というように、火事があったから皆が損をするかというとそうではない。質の悪い人がその機に乗じて、火事を口実にしてさまざまな不当な利益を得てしまう。

結局、火事があったことで、豊かになってしまったということである。

その結果、ひどい目にあってしまう人がいる。それでも日本などは、ほとんどの人が従順に馴《な》らされた人たちであるから、そのまま世の中は回っていく。

いずれにしても、現実の世の中では必ずしも正しいことが通るわけではない。公権力でも、私的なことでも、ことを収めるために筋を曲げる。

そんなときにゴネることのない人は、耐えるしか方法はない。そのときに「いつかきっと思い知らせてやる」と心に誓うことである。

その先に「いつかきっと思い知らせてやる」という希望があれば、敵意が根深い恨みつらみに変わることは少ない。

心の中で、敵意が対象無差別の憎しみに変わることが危険なのである。「あいつが許せない」と「あいつ」に焦点を当てて「いつか勝つ」と信じることである。

そのためには、戦う姿勢が必要である。戦う姿勢を失うと、無力感から敵意は対象無差別の憎しみに変わる。それが表現されないままにうつ病になる人もいるだろう。

うつ病になるような人にとっては、エピクロスや皇帝マルクス・アウレリウスは目標である。しかし、現実の自分を無視してエピクロスや皇帝マルクス・アウレリウスのようになろうとすれば、行き場を失った怒りは自分に向けられて、心理的に病んでいくだけである。

段階を踏むことが大切である。

最初の段階は、「いつかきっと思い知らせてやる」でよい。

3 だから、あなたは「うつ病」になる

うつ病に陥る心理的プロセス

うつ病になるような人は、相手が殴っても殴り返せない。殴られっぱなしである。相手が殴ったら殴り返す。そうした生きることの積み重ねが、うつ病になるような人には必要なのである。

ときには喧嘩することで親しくなる場合もあるし、別れる場合もある。

うつ病になるような人の場合には、はけ口のない憤懣《ふんまん》が外に向かって爆発しないで、内に向かって堆積《たいせき》し、心を破壊する。

アメリカ人の場合には、どちらかというと外に向かって爆発する傾向にある。しかし日本人の場合には、外に向かって爆発しないで恨みとなって心の底でとぐろを巻くことが多い。

うつ病は、コミュニケーションができないからなってしまうと私は思っている。

悔しい感情の出し方を知っていれば、うつ病にはならなくてすむ。

うつ病になるような、いわゆる「いい人」は自分の苦しさを訴えないで、相手に合わせてしまうから、あとで問題を起こす。

うつ病者の悲観主義は、実は「蓋《ふた》をされた怒り」を表わしている。弱いから直接怒りを表現できないので、このような悲観主義という考え方で怒りを間接的に表わしているのである。

このように、我慢ばかりしているから、うつ病者は根本的に人が嫌いになる。ということは自分が自分を嫌いにもなる。

うつ病者には笑顔がない。

自分は人と打ち解けることができないから、人が打ち解けて楽しそうにしていると癪《しやく》に障る。その不愉快さを表現できないから、暗い気持ちになる。

「皆が楽しそうにしていると心が暗くなる」（斎藤茂太『躁と鬱』中公新書、一九八〇年）と、うつ病者は言う。

それは「オレがこんなに苦しんで、耐えているのに、皆が楽しそうにしているのは許せない」という気持ちであろう。

つまり、人が楽しそうにしていると許せない。許せない怒りを表現できないから、心が暗くなる。

「許せない」と思ったら、その人たちを攻撃すればいい。攻撃できれば気持ちは変わってくる。

その人たちに向かって茶碗を投げつけられれば気持ちは変わってくる。暗くはならない。

しかし、うつ病になるような人は、そのときに茶碗を投げつけられない。相手を殴れない。殴りたいけど殴れない。

孤独に耐えられるほど強くないのに、彼らは孤独である。現実は孤独だから相手に嫌われたくないし、相手から離れられない。だから殴れない。

殴れない理由は二つある。

一つは淋しさ。もう一つは、うつ病になるような人の心のやさしさである。この二つがあるから殴れないし、茶碗を投げつけられない。

そうすると、我慢するしかなくなる。我慢するからその攻撃性は自分に向けられてくる。

その結果、心は暗くなる。

「オレがこんなに苦しんでいるのがわからないか」というのが、彼らの気持ちである。

うつ病になるような人は、一人では生きていかれないのに心底孤独なのである。

そして、周囲の人への憎しみはものすごい。孤独で愛を求めていればいるほど、周囲の人への憎しみの感情はものすごくなる。

その憎しみを晴らせれば、うつ病にはならない。

しかし、その恨みを晴らそうとすれば一人になってしまうリスクがあるので怖くてできない。周囲の人を心の中で完全に捨てられれば、殴って離れられる。

しかし、孤独が怖いから周囲の人から離れられない。だから殴れない。

仕方なく我慢する。

その我慢をしているときに、周囲の人が楽しそうにしていれば、殺したくなる。

しかし殺せない。

孤独とやさしさと憎しみが絡み合って、悪循環していく。そうして、最後はどうにもできなくなって、うつ病になる。


コミュニケーション能力の欠如が一番の問題

うつ病になるような人は小さい頃から、我慢する役割を背負わされてきた。

家族の中で不当な負担を強いられた。彼らは、やさしさと弱さをあわせ持つがゆえに、家族の歪んだ構造の中に組み込まれた。

それ以後、家族以外の集団に参加しても、いつもそういう損な役割を背負ってしまう。学校でも会社でも地域社会でも。

逆にどの集団にも自分の負担から逃げる人がいる。

自分の負担から逃げて、他人に負担を背負わせる。そうして甘い汁を吸う身勝手な人がいる。どこの組織にも、他人を犠牲にして甘い汁を吸う人がいる。

彼らは目ざとく、やさしくて弱い人を見つける。そして、そういう人を食い物にして生き延びる。要するに、家族にも学校にも会社にもずるい人はいる。

うつ病になるような人は、家族の中で身についた心の習慣が、どの集団の人と接していても出てきてしまう。

そして、そのずるい人たちの負担を背負いながら、心身共に消耗し力尽きてしまう。

そうした小さい頃からの長い屈辱の歴史の果てに、うつ病になる。

そして大事なことは、そうして小さい頃から我慢ばかりを強いられた結果、コミュニケーション能力がなくなったことである。人と心をふれ合わせることができない。人を心の底で信じることができない。

小さい頃から利用されてきたことを、心の底の、そのまた底では知っている。

うつ病になるような人は、小さい頃からずるい人に囲まれて生きてきた。その結果、人とコミュニケーションする能力がないから、そこから脱出する糸口が見つけられない。

ますます孤独になり、ますます耐えることでしか事態に対処できなくなる。

まさにうつ病になるような人は、「どうにもできない」状況におかれて生きてきたのである。

コミュニケーション能力があり、人とふれ合えれば、そうした集団から抜け出せるきっかけをつかめる。

コミュニケーション能力があれば、自分の感情の出し方もわかる。

悔しい感情を出せれば、気持ちも落ち着く。人格も安定する。

またコミュニケーション能力があれば、人とふれ合えるから孤独ではなくなる。そうすれば、心底淋しいということはなくなるから、耐えることではなく、人を捨てることができる。

周囲の人を捨てることができれば、「許せない」という気持ちになったときには、攻撃性を向けるべきところに向けられる。

そうすれば、自分を犠牲にして楽しそうにしている人を見て、殴りかかれる。茶碗をぶつけられる。殴りかかれれば、気持ちが暗くならない。

そもそも、コミュニケーション能力があれば、茶碗を投げつけるまでに追いつめられていない。そのときそのときで、感情処理はできている。

なぜ仕事を断れないのか

しかし、うつ病になるような人は、何度も言うようにコミュニケーション能力がない。「いい人」と言われなければ生きていけない。そこが最大の問題なのである。

小さい頃、トコトン孤独に追いやられた時点から、うつ病への準備が始まったのである。

途中で幸いにも、心やさしい人に出会えて、コミュニケーション能力を身につけて、自分の感情表現ができるようになったり、孤独でなくなったりする人もいるだろう。

しかし、そういう人との出会いに恵まれないままに大人になってしまう人も多い。

オーストリアの精神科医ベラン・ウルフの「悩みは昨日の出来事ではない」という言葉を借りれば、「うつ病は昨日の出来事ではない」。

うつ病になる人には「長い、長い」過去の歴史がある。

たしかに、直接的なきっかけは会社のストレスかもしれない。家庭でのストレスかもしれない。あまりにも忙しくて、休養がとれない日々の結果かもしれない。

しかし考えてみれば、その会社にも、のうのうと楽をして高い給料をもらっている人がいるのである。あるいは忙しい「ふり」をして怠けているだけの人もいるかもしれない。

世界中が百年に一度の大不況と言っているときに、国民の税金を使って気の遠くなるような給料を掠《かす》め取っている人もいるのである。

真面目に必死で働いている人の血税を盗んで、高級な酒を飲んで女性と贅沢三昧をして笑っている人もいるのである。

小さな世界でいえば、家庭でも家の仕事を手伝わないで、兄弟姉妹に押しつけて平然としている人がいる。大人になれば、親の介護を兄弟姉妹に押しつけてほくそ笑んでいる人もいる。

どこの組織にも必ず、ずるい人がいる。口先は立派だが無責任。人当たりがよいが、根はずるい。人を利用する、この搾取タイプはどこの組織にも必ずいる。

大学などでも「ここまでずるく立ち回るか」という人がいる。企業ではもっと目につくだろう。

問題は、なぜうつ病になった人が、その忙しすぎる役割を引き受けさせられたのか、ということである。引き受けなくてもよかったのではないか。

おそらく、引き受ける羽目になった理由は三つある。

一つは、甘い汁を吸って生きる人たちの犠牲にさせられる習慣が身についていた、ということである。その人たちの周囲の人間関係には、搾取と被搾取の構造がすでにできあがっていた。

もう一つは、本人が孤独だから、人から認められたくて、その損な役割を断れなかった。仕事を家にまで持ち帰るのは、「早くこの仕事をしなければ、上司に何か言われるのではないか」と気にするからである。自分のしたいことがないままに、人の目を意識している。あらゆることに「イエス」と言うのは、判断能力がないからである。仕事の量もコントロールできない。自分のエネルギーを考えないで、会社で無理な位置にいる。

最後は、うつ病になるような人のやさしさである。孤独と同時に、これが弱さになる。気の毒なことに、そこまで無理に嫌な仕事を引き受けても、求めている賞賛がなかなか得られない。

他人の慰めには注意が必要

うつ病の特徴の一つに「誇張する」という点があると私は思っている。

彼らが大袈裟になるのは、小さい頃から本気でだれからも相手にされなかったからである。つらさを訴えている人は、自分を「見てくれ！」と叫んでいるのである。

小さい頃から頑張った気持ちを汲み取ってもらえなかったからである。

大変だったことがある。つらかったことがある。頑張ったことがある。

そんなときに「よく頑張ったわねー」と親から努力を認めてもらえなかった。つらいときに、つらいという気持ちを周囲の人に汲んでもらえなかった。

そこで、つらいとき、努力したとき、それをオーバーに表現しないとだれも自分の気持ちをわかってくれないのではないかと思ってしまうのである。

そして不幸なことに、うつ病になりやすい人は、大人になっても、また甘いことを言う人のほうに行ってしまう。

つまり、だれも自分の気持ちをわかってくれなくて悔しいときに「つらかったわね、みんなそんなにひどいことをするの」と口先で操作する人のほうに行ってしまう。

そこでまたやられる。

もう、なかなか立ち上がれない。

「失敗した」とか「断られた」とかいう体験は、だれにでも不快なものである。しかし、心理的に健康な人と、うつ病になりやすい人とどこが違うかといえば、うつ病になりやすい人は、その不快な感情が長引いてしまう。

やさしくいえば、なかなか立ち上がれない。回復に時間がかかりすぎる（Aaron T. Beck, Depression, University of Pennsylvania Press, 1976, p.320）。

不快な感情が長引いてしまうのは、うつ病になるような人は、小さい頃から負担を背負いすぎて心身共に消耗し尽くしているからである。もう生きるエネルギーが衰えている。

これ以上つらいことがないように、と願っているところに、また新しいトラブルに追い討ちをかけられる。だから、なかなか立ち上がれないのは、当たり前である。

肉体的にも同じことである。元気なときには、風邪をひいてもすぐに治る。しかし、肉体的に疲労困憊しているときに風邪をひけば、なかなか治らない。

心身共に疲労困憊しているときにどうするか。

「ずるい人と付き合っているくらいなら、一人のほうがよい」ということを理解することが先決である。

第3章

こだわらない生き方

1　エネルギーが湧いてくる生き方

真面目のどこが問題か

うつ病者などは、真面目な人でありさえすればいいと思っている。

真面目な人がなぜ幸せになれないか。

それは、真面目な人が勘違いをしているからである。真面目な人は、真面目であることの効果を勘違いしている。

真面目でありさえすれば、幸せが手に入ると思っている。

しかしそれは、デパートの前に開店前から並んでいれば商品をタダでもらえると思い込んでいるようなものである。

自分が開店前から並んでいるのに、あとから来た人が商品を買っていくのを見て、「不公平だ」と嘆いているようなものである。

うつ病者は、あとから来た人がお金を払っていることに気がつかない。うつ病者は、自分がお金を払っていないから商品がもらえないのだと気がついていない。

このデパートの商品こそが「幸せ」である。お金が五感の発達であり、自己実現である。真面目でありさえすれば幸せになれると思ってそうしていても、いつまで経っても幸せにはなれない。

うつ病者に大切なのは「自分を出すこと」である。

うつ病者は、長いこと自分の感じ方、自分の考え、自分の印象等々を表現してこなかった。自分の感じ方よりも、周囲の人の感じ方に合わせてきた。それで「いい人」と言われてきた。「いい子」と言われてきた。受け入れられることが最も重要だから。

うつ病者は、何よりも自分の「経験」を人に話すことである。人に認めてもらうためにしたことを話すことである。それで幸せが手に入る。

自分はこのときに「こう感じていたけれども、そう思うのが怖かった」とか「好かれたいからこうしたけれども、そのうちに何もかもが億劫になった」とか、「こんなに色々なことをしてきたけれども、『した』という実感がない、達成感がない」とか、自分の失敗の「体験」を話すことで、自分を出すことである。

私はこうして生きてきた

今「体験」とか「経験」とか書いたが、実はうつ病者には、本当の意味での体験とか経験がない。

うつ病者にとって大切なのは、自分の生き様を信じることである。今まで失敗したことは恥ではない。それを肥やしにして、幸せを手に入れるのである。

「私はこう生きてきた」、それでいいのである。「私はこういうことをしたけれども、充足感がない」でいいのである。

うつ病者は、あまりにも真面目に合理的に生きてきすぎた。そうしたことを価値があると思いすぎた。だからエネルギーがなくなってしまったのである。

エネルギーのある人は、朝、花に水をかける。その水のかかった花を見て「朝だなー」と思う。そして「朝だ、朝だよー」と歌いたくなる。

生きるエネルギーに満ちている人は、その水のかかった花や葉を見て、花や葉が「おいしい、おいしい」と水を吸っていると思う。

近代合理主義社会の中に、生きるエネルギーの源があるのではない。生きるエネルギーの源は「洞穴の中の人間」の脳にある。

うつ病になった人は、その部分を無視しすぎた。人間の原点を無視しすぎたのである。

これからは日常の些細なことでもいいから、自分の意志で選択をしてみることである。

自分の意志で選択することが、自分を出すことである。毎日小さなことを自分の意志で選択していれば、やがてエネルギーが湧いてくる。

2 疲れない生き方

見返りを求めない

物事に執着する人は疲れる。

ある人が、その人としてはかなり高級なマンションを借りた。ところが、そのマンションの管理人の態度が悪い。

そこで腹が立って仕方がない。しかし、そこのマンションを出たくないものだから管理人に強く言えない。その人はその高級マンションに住むことに執着している。

そこで、その人は高級マンションに住みながらも疲れた。

しかしあるとき、「こんなマンション、いつ出てもいいや」とそのマンションへの執着を捨てたら、疲れなくなった。

「こんなマンション、いつ出てもいいや」と思えるときには、その人にエネルギーがある。

何かあったときに、うまく切り抜けようと思うとおかしくなる。うまく切り抜けようと思うから悩む。うまくやることに執着するから、ストレスに苦しむ。
なぜなら、物事はうまくはいかない。うまくいかなくて当たり前。
水がコップいっぱいに入っている。水をこぼしてはいけないと思う。水がいっぱいという
ことに執着すればするほど、人は疲れる。
真剣になればなるほど、ほころびが気になる。
人はそれに執着するから、それを失うことを恐れる。執着性格者は、自分で自分が生きる
ことをつらくしている。自分で墓穴を掘っている。
「あの人に、これだけのことをしてあげたのに、この態度は何だ」と悔しい気持ちになる。
「これだけのことをしてあげたのだから、こういう態度をしてほしい」と願う。相手の態度
に執着すればするほど、悔しくなる。
定年間近でストレスで倒れた人がいた。それは「あいつにあれだけのことをしてあげたの
に、オレが定年になるときの、あの態度は何だ」という怒りからである。定年になるとき
に、相手は自分のことを素晴らしいビジネスパーソンと尊敬してくれなかった。
かつての心ない部下に心理的にとらわれていればいるほど、定年間際にはつらい思いをす
る。冷たい部下を心の中で捨てられるか、執着するかで、生きるか死ぬかの違いが出てくる。

そのときに心のやさしい人に囲まれていれば、冷たい部下のことは捨てられる。しかし、やさしい人に囲まれていないと、どうしても過去の冷たい部下に心がとらわれてしまう。

自分は「これだけやったいい人」という気持ちがある。それなのに、見返りがなかったということで悔しい。

期待していたそれをくれないから悔しいのである。期待していたそれに対する執着が強ければ強いほど悔しい。

自分が会社で働いて、会社はこれだけ得ていると思えば、それに報いてくれない会社が悔しい。くれるだろうと期待したものに対する執着が強ければ強いほど悔しい。

その悔しい気持ちでエネルギーを消耗する。つまり、人は執着でエネルギーを消耗する。

腐っている友達は捨てろ

執着性格者が、ずるい人と接するとエネルギーを吸い取られる。ずるい人は、常に相手を利用しようとしている。

こちらが精一杯尽くしても、ずるい相手はそれを当たり前と思う。そしてもっと要求をしてくる。そして感謝がない。だから執着性格者は、悔しくてエネルギーを消耗する。

だいたいずるい人は、相手のために精一杯しないから、相手も精一杯していると思わない。

しかし、執着性格者は自分のためではあるが、精一杯することはしている。迎合であるが、精一杯することはしている。

そこで相手の心ない態度が悔しくて眠れなくなる。

そして最後は、日本刀を持って殺しに行ってしまう。こうして社会的に破綻《はたん》していく。

日本刀を持って殺しに行けない人は、うつ病になる。

ストレスで病気になって、初めて違った道を選ぶこともできたと気がつく人もいる。

イライラしながら会社にいる。この会社を辞めるという選択があった。でも辞める選択をしなかった。会社に執着したから。

今までの「辞めない」という選択で、会社にいることの価値観が強化されていたから、なかなか辞めることができない。

執着することで、執着していることが価値の高いことであると感じ出す。

世の中に、こんな無駄な生き方をしている人が沢山いる。

生きるということは、心地よく生きるということである。

旅先で、その土地の食べ物がおいしいと思っていてもお腹がいっぱいで食べ残す。捨てられなくて、それを家に持って帰ってくるとおいしくない。その地域の食べ物には、そこの空気と匂いが不可欠であるから。

執着性格者には捨てる強さがない。執着性格者には腐っている友達が沢山いる。自分に合っていない友達が沢山いる。好きでもない友達が沢山いる。

でも、その友達を捨てる強さが執着性格者にはない。そして、イライラしながら付き合って消耗してストレスで心理的に病んでいく。

捨てられるものが沢山ある人は、捨てれば悩みは解決できる。捨てれば道が拓ける。

執着性格者は普通の人以上に、本質はわがままで自己中心的である。しかし、他人に見せる顔は普通の人以上に立派である。

そのギャップはすごい。このギャップの中で生きているから苦しい。

したがって、執着性格者には、生きる喜びはないけれども憎しみがある。

そうした生き方をしていれば、だれでも淋しい。何が原因かはわからない淋しさである。

神経症的淋しさである。

カーニバルをしても淋しい。晩餐《ばんさん》会に出席しても淋しい。

うつ病になりやすい人は、自分の一番大切なことがわかっていない。

人は本当に大切なものがわかったら、捨てられる。うつ病者はそれがわからないから、捨てられない。

自分の目的をしっかりと見つめることである。

うつ病になりやすい人は内面対策ができていない。そして、不安と恐怖から健康を害する。

自分の生き方を貫いて、自分から去っていく人は去る。ついてくる人はついてくる。

最後は自分の体も死んでなくなる。だから生きている今、失うことを恐れるな！

世間の評判というものは、一気に上がり、一気に下がる。世間の評価は虚の世界。

虚でないのは、実は愛だけ。

ある小学生の子が学校でいじめられた。彼女は祖母を信じていた。

そこで「ばあちゃんがいるから、いいや」と思った。そして、いじめに立ち向かった。

愛があれば世間に立ち向かっていける。恐れとは、人を信じられないから生じる感情である。信じられる人がいれば恐れはない。

今のための今の生き方

執着性格者には、過去を振り返って、自分の意志で歩いた自分の道がない。

だからこそ、今まで歩いた道に執着する。途中が空《くう》だから、何もなかったから、歩いた距離に執着する。

過程が空だから、成果に執着する。

自分の意志で歩いていれば、歩いた満足感はある。達成感もある。充実感もある。

だから歩いた道の成果に執着しない。歩いてきた道を失うことを恐れない。

執着性格者は、振り返ったらつかんだものが何もない。足跡がない。ポイントがない。自分の「心の家」がない。

確実なものを何もつかんでいないから、表面的に得たものに執着する。

執着性格者は、だれかに操られるロボットのように歩いてきたので、どの道を歩いてきたのかわからない。

そして疲れ果てた。そうなると、今、大きな刺激がほしい。今、大金がほしい。

うつ病になるような人は、過去が虚しいから、その過去を埋め合わせようとする。

過去が虚像。

その過去の埋め合わせ方が、また間違ってしまう。あくまでも仕事の業績や利益で埋めようとする。

心のふれ合いというコミュニケーションをすることを考えない。努力をしていても、人とコミュニケーションするためにはどうするかという視点はない。あくまでも、業績や利益で虚しさを充足しようとする。だから最後には、努力が実を結ばない。

過去の不満を満たすための今。そうして生きていると、振り返った過去がずーっと虚しい。今のための今がない生き方。

うつ病になるような人は、過去に愛されなかった。それにとらわれて今を生きている。努力をするのだが、一途に「これをしたい」ということに向かっての努力ではない。損得なしに動いて、純粋で健気《けなげ》な努力、そういう努力をしていない。

執着性格者は、地べたに座ってしまって、「あっちに行きたい」と言う子どもみたいなものである。

れんげ畑に行きたい。でもタンポポがいっぱいあるあっちにも行きたい。欲張って疲れる。欲は執着を生み、執着は焦りを生む。

執着によって失うものは大きい。失うものは心の安らぎ。せっかちは不安なため。早く確実なものがほしい。だから焦る。

「まず、れんげ畑に行きましょう。そしたら、あとは教えてあげる」と言う指導者が必要なのであろう。

執着性格者は行く道さえわかればいいのだ。

なぜ「ダメに決まっている」と言うのか

エネルギッシュな人は、何かに努力して結果が期待はずれでも、損したと思わない。それを経費と考える。

エネルギッシュな人は、やった努力を無駄と考えない。成果の上がらなかった努力を、損したとは考えない。その努力は、長い将来まで考えれば無駄になっていないと感じている。しかし執着性格者は、その努力が無駄になることが悔しい。その努力が、その場で成果を生み出すことに執着する。

エネルギーがないと、今日という日も、明日という日も、昨日という日も、意識できない。ただひたすらに、この瞬間に成果がほしい。

それは努力の過程が楽しくないから。

関心と興味で動いている人は、すぐに成果を上げようとしていない。「こういう成果が今ほしい」というように欲張りではない。

執着性格者はすべてに欲張り。

うつ病者はリスクをとらない。「やってみなければわからない」とは言わない。

関心と興味で動いていないから。

たとえば、うつ病者は「やってみなければわからない」ことを「ダメに決まっている」と言う。それは、激しい愛情欲求があるから。愛情飢餓《きが》感に苦しんでいるから。

彼らがよく使う「ダメに決まっている」という表現は、自分にもっとよくしてくれない周囲の人を責めているのである。「ダメに決まっている」は「蓋をされた怒り」を間接的に表現している。

「できる訳ないじゃない。もうダメ」、そう周囲に叫んでいるのである。

抑えられた怒りで消耗している。立ち上がる気力もない。

「皆は、もっと私のことを知るべきだ」と心の底では思っている。

やってみれば、実は結果は「空」ではない。

それなのに執着的傾向の強い人は、それを無駄と考える。執着性格者は、目に見える今の結果を重んじる。

しかし、これらのしたことを無駄と考えたら生きていけない。執着は悔しさと後悔と未練。人間、最後はすべてなくなる。執着性格者はそのことがわかっていない。

お金に執着しない

取り返しのつかないほど大切なものは、なくなったときに気がつく。

人は、お金持ちになっていく過程で、どんどん失っているものがあることに気がつかない。それがどんなに大切なものかは、失ってみないとわからない。

エリートコースを歩みつつ、うつ病になるような人は、エリートコースを歩む中で失っているものがあるということに気がついていなかったのである。

執着性格者には、憎しみがあるからそのことがわからない。

うつ病になりやすい人、燃え尽きる人は器に合った生き方をしていない。

自分の器以上に取ろうとすると、どうしても先細りの人生になる。

今の時代は、学校もお寺もあまり人の生き方を教えていない。仏教でもキリスト教でもイスラム教でもいい。何でもいい。人の生き方を教えなければいけない。

したがって、みんな赤ん坊のときから商売をしているような生き方になってしまっている。

競争社会の勝ち組も、執着性格的ビジネスパーソンも家族の中に生まれてきたのではなく、企業の中に生まれて大人になってきたような人たちである。

人は家族の中で大人になれるのに、彼らは家族を知らない。

その結果、心が酸欠状態になった。

心が酸欠状態だと、おいしい空気を吸っていてもおいしいと感じない。

彼らには心理的に自分の居場所がない。そういうところにいれば、だれでも疲れる。何もしなくても疲れる。

執着性格者など、うつ病になりやすい人の心を体にたとえれば、次のようになる。

知らない人ばかりのところにいて、緊張して背中がバリバリに張ってしまっている。

人の生き方として、派手な一発勝負ではなく、地道な生き方をして世に出ることが大切なのであるが、彼らにはそれができない。

たとえば一〇億円が入った。しかし、それを得るためのストレスで脳に腫瘍《しゆよう》ができた。そうしたら普通の生活をしたいと、普通の人は思う。

しかし、うつ病になるような執着性格者は、脳に腫瘍ができても一〇億円がほしい。

普通の生活があって、その上で一〇億円があれば、意味がある。普通の生活を失って一〇億円あっても意味がない。

通常の人間の営みが何よりも大切。それが生きる土台。執着性格者にはその土台がない。

うつ病になるような人とは反対に、人を踏み倒して競争社会の勝ち組になる人もいる。

しかし、自分だけよければいいという生活を続ければ、いつかツケがくる。

お金をはじめ、欲に走ると、最後は人の心を失う。最後は社会的にも心理的にも挫折する。

逆に自分の力を社会へ。そうすると尽くしたものが返ってくる。

人のために生きるというと、時代遅れのようであるが、それがお金で買えないものとなって、最後に自分に返ってくる。

心が生きている人と、死んでいる人がいる。

ほんの少しの違いが、幸せを左右する。

心が楽しければお金をほしいとは思わない。

逆にポストがどんなに上がっても、不安はなくならない。官僚になって事務次官にまで昇りつめてもまだ不安。

だから汚職で逮捕される高級官僚もいる。逮捕された彼らは、やさしさのない生き方をしてきた。

認められると不安がなくなると思うから、彼らは必死で認められようと頑張る。

でも生き方を変えない限り不安はなくならない。人と打ち解けられる人間にならない限り不安はなくならない。

ある時点で心が凍結した。それが執着性格。

うつ病になるような人も、競争社会の勝ち組も、死んでいくときに、「執着した自分の人生は無駄だった」と思わないだろうか？

何がなくても、元気であればいい。エネルギーさえあれば、毎日何とかやっていける。

メランコリー親和型の人や、執着性格者などうつ病になりやすい人は、今の状況の中で肯定的なものを見ていないから生きていかれなくなる。

うつ病になるような人は肯定的なものを見いだす努力がない。人と打ち解けない彼らには生きる目的がない。

今の人は、自由、自由と言うが、それは目的がない自由。

それでは自由であることの意味がない。

目的がある自由。それが本当の自由。

人と打ち解ける人間になれば、自然と生きる目的が見えてくる。

3 無気力から立ち直る生き方

五感が働かないと無気力になる

人間の基本的欲求の中には、大脳辺縁系の欲求が含まれる。いわゆる五感である。心地よい暖かさとか、爽《さわ》やかさとか、おいしいとかいうことである。そうした五感の欲求が満たされるか満たされないかは大きい。

美しい音を体験する、美しい景色を体験する、そうした美的体験も心の安定には大切なことである。

あるいは、楽しいことも大切である。小学校のときの遠足の楽しさとか、大人になってからのデートとか、楽しい体験も心理的安定や心理的成長に必要なことである。

「あー、あのときのお母さんの匂いだ」とか「あの家の畳の匂いだ」など、匂いから過去の記憶がよみがえることもある。そして「あー、あれを食べたいなー」と思い出す。

そのような体験がないときに、人は無気力になるのではないか。

なぜなら、そうした思い出が、人と自分をつなぐものだからである。その思い出が人とのふれ合いである。そのふれ合いがエネルギーを生む。

目隠しをされて匂いを嗅《か》がされて「あの家の匂いだ」とわかる。目を閉じて「あ、これは故郷のあの家の匂いだ」とわかることが気力の源である。

目を閉じて「あ、これは中学生のときのあの家の匂いだ」とわかることが気力の源である。

無気力な人には、自分が育った「あの家の匂い」がない。

部屋には匂いがある。その匂いを嗅いで、人はほっとする。

ここに行ったらこの匂いがある。あそこに行けばあの匂いがある。こういう環境で人は心理的に成長する。

それぞれの匂いを嗅いで、人はほっとする。

それがない人は、エネルギッシュに見えても、エネルギーの源は強迫的名声追求にしかすぎない。

背広を並べて「これは父親の背広の匂いだ」というのが無気力な人にはない。

無気力な人には「家の書斎にあったあの本の匂いだ」がない。

極端にいえば、これがなければ生きていないのと同じようなものである。

そうした思い出の匂いがあってこそ、生きる力が湧き出てくる。この匂いを嗅ぐと父親を思い出すというのがあってエネルギーが出る。

大人になって、そうした思い出が残るような環境で人は心理的に成長してきている。それがない人とある人の違いは大きい。

味覚のない人は、写真に写ったリンゴやケーキを食べていたようなものである。

冷やしたリンゴはおいしい。

おいしい、まずいを感じるのは心。

舌の味ではない。舌から味覚の刺激が入るが、味わうのは脳。

味覚のない人は、写真に写った肉に醤油をかけて食べているようなものである。食べても胃がふくれただけ。

なぜこうなるのか？

それは恐怖の中で育っているから。見捨てられる不安や怒られる恐怖感の中で育っているから。

たとえば、部屋に蛇がいたら、どんなにおいしいものを食べてもおいしいとは感じないだろう。

今一緒にいるだれかが、明日処刑されるとしたら、おいしい水を飲んでもおいしいとは感じない。

そうなれば食べることは食欲を満たす、空腹を抑えるということでしかない。味はない。

そういった家で育てば、家族がいても家の中にはお人形さんが立っているだけ。そこにいるのは血が通っている人間ではない。

食事は写真。

恵まれた家で育つか、恵まれない家で育つかは、その人の運命。嘆いていても、何も事態は改善されない。嘆いていても幸せにはなれない。

自分がそうした家で育ったと自覚した人は、常に自分の五感を発達させることを心がける。

いつも「これはおいしい」「これはまずい」ということを意識する。

おいしいものを食べる努力をする。おいしい物を味わうことは、仕事の業績を上げるのと同じくらい大切なこと。うつ病になるような人にとっては、仕事以上に大切なこと。

アイスクリームについているコーンの、パリパリという触感を楽しむ。

おでん屋さんが店頭で、いい匂いを漂わせている。その匂いで人は入ってくる。匂いにつられてパン屋さんにも入っていく。
食事に匂いがしなければ食べる気がしない。

おいしいものを食べる

十年ほど前、ある出版社の主催で脳の権威・久保田競先生と対談をした。そのときに先生は次のように言われた。

「五感はすべて脳を正常に働かせるのに大事な刺激を受け取るのです。ところが、外の世界を認識するために役立つだけでなく、感情とか性格をつくるのにもかかわってくるのですね」

脳が正常に働くということは、人間が正常ということでもある。五感から入る刺激が偏《かたよ》ってはいけない。

仕事熱心な執着性格者には「味覚なんて」とバカにするような人もいるが、味覚もまた心のあり方に影響する。

ある有名大企業のエリート・ビジネスパーソンが、「お昼は社員食堂でカレーライスを三分で食べて仕事に戻る」と得意になって話していたが、部長にまで出世しながら早く死んでしまった。

仕事に次ぐ仕事で、まさに「疲れても休みがとれない」エリート・ビジネスパーソンだった。

彼はおいしいものを食べに行く時間がもったいないと思ったのだろうが、それは違う。わかりやすくするために極端にいえば、おいしいものを食べに行く時間こそが、その人にとっては「生き延びるために重要な時間」だったのである。

彼が無駄と思っていた時間が、生き延びるために重要で、成果が上がったと思っている時間が逆に寿命を縮めていた。

ところで、思い出の匂いがなくても今まで生きてきたという人は沢山いる。それはすごいことなのである。まず、その自分の力を評価することを忘れてはいけない。それはとてつもない能力である。

自分の無気力の原因をハッキリさせることは、心を整理するということであり、それは「自分はダメだ」と思うことではない。

思い出の匂いがないにもかかわらず、自分は今まで生きてきた。

そうした自分を「すごいなー」と思うのが当たり前であろう。

それは、今元気で社会的に活躍している人よりもすごいことである。そして、それはまたものすごいエネルギーのいることだったのである。

思い出の匂いがなくても自分は打ちのめされなかった。その自分に誇りを持つことである。

五感がない中で生きることがどれほどつらいことか、無気力な人は知っている。

好きこのんで五感がない中で生きてきたわけではない。それが、神が自分に与えた運命だからである。

今、無気力な自分は、決してもともとエネルギーのない自分ではない。そのことを忘れてはならない。

「自分が」気持ちいいことをする

快適な気分を味わうことが、生き延びるために重要である。「あー、気持ちいい」という感覚が大切なのである。

お風呂に入って、「あー、サッパリした」。

お風呂に入った子どもに、「あー、気持ちよかったね」と言ってくれる母親がいる。その母親と、「サッパリした」という自分の気持ちが呼応して、心が成長していく。

うつ病になるような人は、着心地のいい服ともあまり関係なく生きてきた。今日もまた気持ちいいと思わないで着ている。

そうした中で今まで生きてきたとすれば、それはすごいエネルギーがあるということである。

夏と冬の枕カバーを替える。夏は涼しい麻のカバー。

そうした五感とふれ合いの中で共通感覚が生まれてくる。その共通感覚があるから、社会の中で生きていける。

執着性格者などは、おそらく小さい頃からこういう世話をしてもらっていない。

こういう体験がない人が、大人になって訳がわからなくなっている。

では、執着性格者が無気力になってしまったときはどうするか？

執着性格者は、朝起きて歯を磨くのも、磨くことになっているから磨く。

「歯を磨いたら気持ちいいな」という理由では磨かない。軍隊で命じられていることをしているのと同じである。

「その人が歯を磨いている」という「その人」の部分がない。歯を磨くと「自分が」気持ちいいから歯を磨くということがない。

小さなことだが、「気持ちいいな」と思えることを意識的に探し、気持ちいいと感じることである。

「お茶を飲む」ということでもよい。そんな簡単なことをしてみる。とにかく「自分が」気持ちいいと感じることをする。

私という人間が求めたことをやる。だれにもわからないけれど、私が毎日続けていることでいい。

「甘いものが好き」というのでよい。それを楽しむことである。

今日一日、オシャレをしてみる。そしてそれを続けてみる。

エネルギーがないから疲れる。そのエネルギーをためるために「自分が」気持ちいいことをする。

人が「これをするのがよい」と言うことをするのではない。

自分の部屋に自分の好きなものを並べてみるのもいいだろう。

4　体調が回復する生き方

ウナギは元気なときだけ

起きていてもイライラする。横になっても寝ていられない。人の話を長時間聞けない。集中力がない。吐いてしまう。

人は悩むと体調を崩す。心が萎《な》えると、いいことがあっても無感動になる。

悩んで相談に来る人は、ほとんど体調を崩している。

そういうときには、粗食で時間がかかった料理が必要。手をかけたものを食べると、翌日が違う。嬉しいからまた食べる。

食べると力が出るから、また食べる。体力が回復する。

体にいいのは、お豆腐とかお豆とかネギ味噌。

体力がなくなると、料理をつくるエネルギーがない。

スッポン料理などは、体力があるときには効果的。元気なときにはウナギでいい。ところが、元気がないときには、ウナギを食べても吐いてしまう。白味噌に漬け込んでハーブを入れる等、要するに食事を細やかにする。体が元気になると「いけるな」と思う。

ひとたび回復の軌道に乗ると弾みがつく。そして、いつの間にか回復している。うつ病のときには、だれかがそのようなものをつくってくれればいい。しかし、コックさんに頼んだものはダメ。

しっかりと休んだあとで、しっかりと働く。元気になると「お金なんてどうでもいいよな」と思えてくる。このような過程を経て、体調は回復する。

しかし、ほとんどの人は体調を崩したときに、周囲の人からこのようにはケアをしてもらっていない。ほとんどの人は、今述べたようなケアもされないでよく頑張っている。

何のケアもされないにもかかわらず、今とにかく働いている。その自分のすごさを自覚することである。あるいは、今体調が悪い人はそれでいい。体調が回復しないのは、回復しない理由がある。だから体調の悪いことに悩まない。

体調が悪くて当たり前だと思って大きく構える。体調の悪いことで心を取り乱さないことである。

5 「見捨てられる不安」に怯えるな

相手の言葉をおうむ返しに言ってしまう

小さい頃、あなたは母親の言うことを聞かなかった。

そのときに「あなたがそんなに悪い子なら、お母さん家を出て行っちゃう」というようなことを母親に言われなかっただろうか。これが「見捨てるという脅し」である。

親は、これらの恐れを利用して子どもを育てることがある。親が子どもに言うことを聞かせるために、この「見捨てるという脅し」を利用する。

その結果、子どもは生きること自体を恐れるようになる。

うつ病者の考え方が悲観的な傾向にあるのは、これが一つの原因ではなかろうか。自分の人生に何かよくないことが起きるのではないかと、いつも恐れている。

彼らは、あまりにもいつも「見捨てるぞ」と脅されてきたのである。

そしてこの恐れこそ、その人をいつまでも依存的にしてしまう原因の一つでもあるだろう。

他人にしがみついていなければ生きていけない。見捨てられたら一人では生きていけないと、大人になってもそう思うようになる。

実は大人になれば、執着性格者は一人でも生きていけるだけの力はあるのだが、生きていけないと思ってしまう。

そして、周囲の人から見捨てられるのが怖くて、周囲の人に迎合する。迎合することで、ますます一人では生きていけないように感じる。

そういう人の会話を考えてみる。

「黄色？」

「ハイ、黄色です」

「雨か？」

「雨です。晴れではありません」

「昨日晴れだったろう、えー？　晴れだよね」

「うかつでした、晴れでした」

「左ですか？」

「左です」

それが「おいしいか？　まずいか？」は関係ない。すべては相手がどう言うか、で決まってしまう。

人を喜ばせ症候群

ある執着性格者が、会社から解雇を言い渡された。

その執着性格者は、なんと「ご迷惑をかけている」と言った。

「ご迷惑をかけている」という言葉は、本来は自分の事情で辞めるときの言葉である。辞めさせられるときに使う言葉ではない。

向こうが求めているので、それに応じてこちらが辞めるのに「ご迷惑」と言う。

この場合、「ご迷惑」という言葉は、「私のどこが悪いんですか」という意味でしかない。

トラブルのときに「ご迷惑」という言葉を使えば、それはウソ。心の底には攻撃性がある。それを表現できないのが執着性格者。

相手から好かれようとした瞬間、相手は自分の支配者になる。その瞬間、自分は弱い存在になる。相手をありのままに見られなくなる。こちらから相手に力を与えてしまうからである。

その瞬間、自分が自分にとって頼りない存在になる。相手と対峙《たいじ》できなくなる。相手をしっかりと見ることができなくなると、怯えが出てくる。

迎合しながら生きてきたということは、手足を縛られて戦ってきたということである。

それは「人を喜ばせ症候群」である。

ところでそういう人は手足を縛られて戦っているのに、これまで生きてきたのである。それは信じられないようなすごいことである。何度も言うように、自分の力を信じることである。

手足が自由になったら、ものすごい力が内から湧いてくるはずである。

執着性格者が無気力になる前に必要なことは、自分の力を信じることである。

執着性格者は、力があるのに力がないと思わされて生きてきた。

そして消耗し、生産的な構えをなくし、積極的関心を失い、最後には「うつ」になり努力しなくなった。

見捨てるという脅しをすれば、子どもは見捨てられることを恐れる。

この恐れを利用して子どもを育てる親は、自分がどれほどひどいことを子どもにしているか気がついていない。

決して脅された子どもが悪いのではない。脅した親が悪いのである。

わがままをすべて許してくれる人を求める

大人になると、うつ病になるような人は、自分に欠点があるにもかかわらず相手は自分を受け入れているということが信じられない。

だからこそ「無限の受け入れ」を求めるのである。周囲の世界を信じられれば「無限の受け入れ」を求めない。

「無限の受け入れ」とは、悪いことをしても受け入れてくれることである。

彼らは常に見捨てられる不安に怯えている。

「見捨てるという脅しは子どもを激しく怒らせるが、他方では、子どもが怒りを示すことによって実際にそのような行動を親に促す結果になるようであれば、子どもは決してその怒りを表わしはしない」(John Bowlby, Separation, Volume2, Basicbooks, A Subsidiary of Perseus Books, L.L.C., 1973, p.250, 黒田実郎、岡田洋子、吉田恒子訳『母子関係の理論2 分離不安』岩崎学術出版社、一九七七年、二七八頁)

見捨てると脅されたときに、親に対する怒りは抑圧される。他へ向けられる。関係のない隣人や、社会的に権威のある人や、自分に向けられる。

あるいは雷、暗闇などへの恐れとなって表われる。

うつ病になるような人には、喧嘩をすれば、これでこの人との関係が終わりになると感じる傾向がある。それは家族を知らないからである。

家族は喧嘩をする。親子兄弟でときにものすごい喧嘩をする。しかし、そのあとで仲直りをする。

そのような家族の中で、皆は喧嘩をしてもその関係は続くということを無意識のうちに感じている。

しかし、彼らはそういう関係を知らない。

だから怖くて喧嘩ができない。腹が立っても、喧嘩をしない。

「喧嘩をすれば、この人との関係は終わりだ」と思えば、悔しくても我慢する。マイナスの感情は出さない。不愉快でも不愉快と相手に伝えない。

こうして心の底にマイナスの感情がたまっていく。こうして周囲の人を嫌いになり、それが続いて人間が嫌いになる。

カメが歩いていて、犬に蹴られた。

カメは犬に「なんで蹴るんだよ」と言えばいいのに、言えない。

言うからコミュニケーションできるのに。

恋人に関心を払ってもらいたいのに、恋人はこちらに関心を払ってくれない。

「なんでかまってくれないの？」と言えばいい。

こちらが言えば、相手は「ごめん」と言う。

これがコミュニケーション。

相手が自分に関心を持ってくれない。言ってほしいことを言ってくれない。そこで傷つく。

心理的に健康な人は、喧嘩を覚悟しているから、傷ついたらその怒りを口にできる。喧嘩をしながら、相手を理解し、だんだんと親しくなっていく。

その覚悟が執着性格者にはない。

見捨てられるという不安

先に書いた「無限の受け入れ」を求めるとは、どういうことか？

それは、相手は自分のわがままを許すような人であってほしいということである。どんなことがあっても、自分をいらだたせないでほしいということである。

心理的に健康な人は、感情をぶつけて喧嘩をする。つまり本心を吐ける。そして喧嘩をしても関係は維持される。

「無限の受け入れ」を求めるとは、こういう関係ではない関係を求めているということである。

心理的に健康な人は喧嘩をしながら、相手を理解し、だんだんと親しくなっていく。

良性型のナルシストの男性は、母親のように保護し、養い、世話をしてくれる女性を必要とすると、社会心理学者のエーリッヒ・フロム（Erich Fromm）は言う。つまり良性型のナルシストの男性は、相手が自分に「かかわって」ほしい。そして良性型のナルシストの男性は「この種の女性を獲得しかねると、軽い不安感と抑うつ状態におちいりやすい」(The Heart Of Man, Harper & Row, 1964, 鈴木重吉訳『悪について』紀伊國屋書店、一九六五年、一三二頁)。

見捨てるという脅しで育てられた男性は、女性の中に、この母性的なものを求める。

ここでいう母性的なものとは、もちろん母なるものを持った母親のことである。

「無限の受け入れ」を求める人は、大人になってからも、周囲の人に母なるものを持った母親であることを求めている。

ほとんどの場合、ナルシストの男性はこのような女性を獲得することはできない。そこで

「軽い不安感と抑うつ状態」に陥る。

うつ病になるような人は、母なるものを持った母親ではない女性に育てられているから、母なるものを持った母親を求め続ける。

うつ病になるような人は、心の底で「すべてを許してくれる存在」を求め続けている。それは、わがまま、自己中心性、理不尽な願望、依存性などの幼児的願望を受け入れてくれる人である。

それは何をしても、見捨てないで保護してくれる人である。

うつ病になるような人は、そうした母親を体験していないから、大人になってだれにでも好かれようとする。だれにでもいい顔をする。

その結果、現実の世の中では、ずるい人に利用され、搾取される。

母なるものを持った母親の具体的なイメージの例は本章の第４節「体調が回復する生き方」で書いたような、細やかな食事をつくってくれるようなケアをしてくれる女性である。

幼児期に母なるものを持った母親に接することがなかった人は、「自分は人から好かれない人間である」という自己イメージを持ってしまう。

自分のありのままの幼児的願望は拒否される体験をするから、ありのままの自分は好かれないと感じて不思議ではない。

「自分は好かれない人である」という自己イメージからくる不安があるから「無限に好かれよう」とする。

自分は愛されるに値しない人であると、心の底で感じているから、ひがみっぽくなる。ひがむのは、愛を求めているからである。

彼らは愛情の求め方がわかっていないから「ひがむ」という歪んだかたちで愛情欲求を表現する。

愛情欲求が満たされている人はひがまない。

小さい頃、心理的に見捨てられていたから、大人になって、だれであっても求められることが嬉しい。詐欺師の言葉でも嬉しい。だからずるい人に騙される。皆に利用される。

彼らは心理的に見捨てられていた。見捨てられていたということは、愛されないということである。相手の眼中に自分はいないということである。

それで何かを頼まれると嬉しい。だから何でも引き受ける。そしてずるい人に利用される。騙される。

利用されていても、淋しいから離れられない。

子どもなどでも「手を触れていれば」、その人を大事に思ってしまう。ことに不安な子はそうである。

それで一生を終わる。

そのときそのときを、心理的に楽なほう、楽なほうへと流されてしまう。

こうして間違った道に入っていく。最後は一番苦渋に満ちている。それがうつ病である。

本当の味方に見捨てられてしまう

うつ病になるような人は、心理的に置き去りにされているときもある。

ずるい人は、利用するときに限ってやってくるものだから、彼らは置き去りにされる。

本人は淋しいからそれでも喜んでしまう。

「捨て子」と思われるといけないから、質のよい人にも質の悪い人にも、奉仕する。この八方美人が苦労の始まりである。

うつ病になるような人は、なぜ真面目に一生懸命生きているのに、これほど苦労をするのか、ということの原因がつかめていない。

「見捨てられる」という表現を使うと、自分とは関係のないことと多くの人は思うだろう。「見捨てられる」ということが自分と結びつかない。

やさしくいえば、その場で自分によくしてくれる人に感謝をし、そちらに気が引かれていくことである。ちょっとしたことでも、その人を「いい人」だと感じて、尽くそうとする。

それは決して愛情からではなく、恐怖感から尽くす。

奉仕するのも対象無差別。本当に自分のことを考えてくれる人に奉仕するのではない。むしろ、本当に自分のことを一生懸命やってくれている人には、やってもらえるのが当たり前という感覚になる。どんなに尽くしてもらっても、感謝をしないで、不満になる、怒る。ずるい人には表現できない怒りを、誠実な人にぶつける。こうして誠実な人から限りなく愛を貪《むさぼ》る。

自分のことを一生懸命にしてくれている人を逆に恨む。誠実な人が、苦労して自分に「してくれること」を当たり前のことと受け取る。

だから何かしてくれないと、してくれないからということで誠実な人を恨む。

そして何もしてくれない質の悪い人に怯えて、バカみたいに感謝する。そして質の悪い人に舐められて利用される。

ずるい人で、常に相手を利用しようとする人にとっては、うつ病になるような人はまさに鴨ネギである。

そこで誠実な人も、「これはダメだ」と思い、嫌気がさして去ってしまう。

「いつ見捨てられるか」と恐れているから、人には強く出られない。

そして「この人は見捨てない」と思った人には、態度を一変させて貪り出す。それが誠実な人から貪るということである。

ある時点まで来ると、周りにいる人はみな質の悪い人になっている。

あのときに流せなかった涙を今流す

淋しい人は、ときにそれがわかっていても、ずるい人にいい顔をするのがやめられない。

人間関係依存症である。全部取られても、いい顔をするのがやめられない。

ときにはそうした状態にいることにすら気がつかない。

リスクを覚悟して毅然とした態度に出れば、相手は襟《えり》を正してくれることもある。垢《あか》が落ちることもある。

しかし、うつ病になるような人は、リスクをとれないから、そうした毅然とした態度ができない。

うつ病になるような人は、どこへ行っても安住の場所がない。ないと思っている。本当はあるのである。

しかし、自らずるい人のところへ行ってしまう。だから安住の場所がない。

見捨てられる恐怖は、幼児期のトラウマになる。とにかく一人が怖い。

このトラウマになった出来事を意識に乗せて、乗り越えることである。

見捨てるという脅しに怯えて、必死になって迎合していたときの、心の底の苦しみ、悲しみ、怒りをしっかりと意識に乗せる。

そのときに流せなかった涙を今流す。

それはものすごい事件のことばかりを言っているわけではない。執着性格者は、日常の小さな出来事でも悔しい思いをしている。

「あなたがケガしたのはしょうがないじゃない、あなたが悪いのよ」と言われると、もう何も言えなくなる。

「このあいだ話したじゃない、そんな大きなことじゃないよ」と言われると黙ってしまう。

「話を聞いた」ということと「自分は納得した」ということは違う。

子どもは話そうと思ったけれど話せなかったのである。

母親との関係なら「ぼくはあのときに納得しなかったんだよ」と言えばいい。しかし言えない。

そういう子どもは、いつも母親にイライラする。

母親に「お母さんの話にイライラするのは、そのためなんだよ」と言えばいい。しかし言えない。

母親のほうはナルシスト。相手が納得したかどうかなど見ていない。

子どもの自我の基盤が脆弱《ぜいじゃく》。子どもはナルシストの母親に圧倒されている。

相手をしっかりと見よ

従順であることだけを強いられた人は、相手に言われたことに反論できない。「あの人からそう言われた」ということで、そうしてしまう。

迎合のときには「そうね」で終わる。しかし納得していない。

話し合いは意志を曲げたらダメ。自分の意志を曲げない。相手の話の疑問点を探していく。

「自分の意志を曲げない」ということと、相手の話を聞くということは別。

相手の話は悔しくても聞く。

一つの出来事の見方はいくつもある。

相手の話を「そういう見方もあったのか」と聞く。

納得できれば「そうね」でいい。

相手側の価値観を理解しないと「話し合い」はとんでもないことになる。トラブルが起きたときの打つ手を間違える。

だから相手の話はよく聞く。

とにかく相手をしっかりと見る。

ライオンが襲うと思うから怖い。

食べられるという意識があると、怖くて竦《すく》んでしまう。その恐怖感で「走る」という能力、逃げるという能力が奪われる。

本来「できる」はずのことが、「できない」。

意志はしようとしている。しかし行動は心象にしたがう。アメリカの心理学者シーベリー(Seabury)は「心象は意志に優先する」と述べている。

心の中の自己イメージが否定的なら、できることもできない。

ネズミが小金を貯めた。そして大人になって、あるときに逆境を経験する。すると、そこでダメと思ってしまう。

霞が関のエリート官僚が自殺する。家のない人が借金を抱えて自殺するのではない。

つまり「オレはダメだ」と思っても、実際はダメではない。

だから自分のイメージを変えること。

人を信じられるか、信じられないか。

それは、自分一人で生きていける自信があるかどうかということである。

見捨てられても一人で生きていけると思ったとき、人を信じることができる。

お金などいくらあっても不安。財産で小さい頃のトラウマは乗り越えられない。

人の意欲をそぐ人間がいる。一緒にいるだけでやる気をなくさせる人がいる。

逆に一緒にいるだけで意欲が湧く人もいる。だれといるかで意欲が湧いたり、減退したりする。

とにかく、うつ病になりやすい人は、今生きるのが苦しいなら人間関係を変えること。

今、生きるのが八方ふさがりと感じるなら、今の人間関係が悪い。今までの人間関係も悪い。

人間関係を変える。それが真の解決である。

そして自分を信じること。

オオカミでも叩かれ続けたら弱くなる。うつ病になるような人は、歪んだ訓練で弱くなった。

それでも、とにかく今まで生きてきた。それが決して弱い人ではない証拠。

ふとしたときにオオカミの本性は出るはずである。それを見逃さない。

そのときに「自分は弱い」という自己イメージを、「自分は強い」という自己イメージに変えるのだ。

第4章

悩まない性格になる方法

明るい性格になるためには

これまで書いてきたことは「どうしたら自分を変えられるか?」「どうしたら苦しみを解決できるか?」ということであったが、この章では違った観点からそれを書いてみたい。

暗い性格の人が、明るい性格になりたい。

悩んでばかりいる人が、悩まない性格になりたい。

気にする必要のないことを気にする。たとえば、夜中に目を覚ます。朝決めればいいことを夜中にどうしようかと悩み出す。

朝起きて会社に行って、書類を見ればすぐに決められることで、一分もかからないことを夜中に悩み出す。

色々とわからないことがあって、その上で悩み出すのならいい。しかし、すぐに決められることなのにそれを悩み出す。

あるいは過去のことで悔やむ。

人はやれるだけのことをやったら、現実を受け入れられる。自分を受け入れられる。

「あのときに、こうすればよかった」とか「あのときにこうしていれば、もっとこうなったのに」とかいうように後悔するのは、やれるだけのことをやっていないときである。

執着性格者は過去にとらわれる。過去にとどまり、過去を取り戻そうとする。

そうした自分の性格を変えたいと思う。

では、どうすればよいのだろう？

①好きなものを見つけること

まず第一に、性格を変えるには好きなものを見つけることである。

ある中学校の生徒は、成績が悪くても平気だった。周りの大人は不思議がる。

「なんで〇点を取っても平気なのか？」

それはその中学生に好きなことがあるから。やることがあるから。彼女は忙しくて大変だった。

彼女はおでん屋さんで「このお味噌はどうつくるの？」と尋ねた。砂糖を入れたら、お味噌をお湯で溶いで、おでんを入れてできあがり。

「おでんは簡単にできるよ」と言われた。

そこで、家におでんの具はなかったが、言われたようにお味噌をつくって大根を入れた。

「おでんの具がないからできない」と言わないで、大根を入れたところがエネルギッシュなところである。

おでんはダメだけれども、そのお味噌をご飯の上にかけた。それを皆がおいしいと言った。

彼女は「お店はおいしければ人が来る」と思った。それで食堂を始めようと思った。漢方、ほうずき、ひまわりの種、なずな、ヨモギ、セリ、松の葉、柿の葉、柿の皮……。一年かけて、それらを乾燥させて、風邪の特効薬になった。風邪に効くからと仲間に売り歩いた。

学校から「かごを背負って売り歩くのをやめさせてくれ」と家に連絡があった。でも、こうしてエネルギッシュに動いているから、彼女は成績が悪いのに落ち込まない。

落ち込むとすれば、成績の悪いことが、自分の価値を落とすと思うからである。成績が悪いという事実が人を落ち込ませるのではない。成績が悪いという事実に対する解釈が人を落ち込ませるのである。

彼女にはそれだけやってみたいというものがあった。彼女は「どうしてもやってみたかった」と言う。

そういう人は憎しみも敵意も不安もない。

彼女は夢に向かっていた。

人から見れば突拍子もない行動。でも生きる姿勢ははずれていない。

エネルギッシュに自分のやりたいことをしている人は、「物事はやってみなければわからない」――と確信している。

ある人が、祭りのお店でカルメ焼きを見て、つくってみたいと思った。「自分にもできる」と思った。そしてやってみた。

炭をおこしてやってみると、匂いはカルメ焼き。でも、ふくらし粉がなかった。そこで、すり鉢で砂糖を練って、ひと月やったら、カルメ焼きができた。

なぜやってみようと思わないのか？

それは、失敗すると自分の価値が脅かされると思うから。成功すると自分の価値が上がると思うから、喝采《かっさい》を浴びようとするから、人はやらない。

そういう人は、関心と興味がない。

自分のしたいことをするか、賞賛を求めるかの違いは大きい。

うつ病になる人は賞賛を求める。

人は、ときに失敗で自分の価値が脅かされるという不安があるから、何かをやらない。

そういう不安な人は、何が好きか、何が嫌いかわからない。

自分が今「しようとしていること」が好きか嫌いかわからない。

人からほめられたいという欠乏動機で動くから、人生は行きづまる。

過去にとらわれるような人は、執着性格である。

その執着性格を変えられないのは、心の底に憎しみがあるからである。

その憎しみを手放せばいいのに手放せない。

それはその人に好きなものがないからである。

②考え方と行動を変えること

第二に、考え方と行動を変えること。

性格を直接変えようとしても、なかなか変えることは難しい。性格を変えることに比べたら、考え方と行動を変えることは比較的やさしい。

性格を変えるには、まず考え方と行動を変える。

それには、信じられる人、また自分を信じてくれる人を探すことである。

だれかが絶対自分を信じていてくれると思えば、人は強くなる。

人生最大の財産は、自分を信じてくれる人。それをお金とか名誉とか思うから、人生が行きづまる。

つまり今までは、人生が行きづまるような考え方をしていた。

本当に親しい人がいれば、人は八方美人になって苦しむことはない。

親しいとは自分の感情を表現できる関係のことである。喧嘩をしないということは、親しくない証拠でしかない。

親しい人がいれば、それほど人から好かれることが重大ではなくなる。それほど人から評価されることが重要ではなくなる。

③私はスーパーマンではない

第三には「私はスーパーマンではない」と自分に言い聞かせること。

「現実の自分」とスーパーマンとを比べて悩んだり後悔をしていたら、本当に死んでしまう。

人間は千歳まで生きられないように、完全にはなれない。人間のすることに完全はない。

ここまで頑張ったのだから「もうこれで十分」と思うことである。

もう十分頑張った。もう十分することはした。これ以上望まない。

もうこれ以上望むことには無理がある。望まない方向に、ことが進む可能性もある。

これで「もう十分」である。これだけ頑張ったのだから、もうこれ以上望まないほうがいい。

そして、これから起きることは望むことであれ、望まないことであれ、それを受け入れる。

なぜなら、ここまで頑張ったのだから。

はじめに「私はスーパーマンではない」と自覚することと書いたが、実はあなたはすでにスーパーマンなのである。

愛情の点から見れば、逆境の中でここまで頑張ったということはスーパーマンである。

執着性格者は、いつも山の頂上を求めているが、自分が今すでに山の頂上にいることに気がついていない場合がある。

執着性格者は、無駄が嫌いである。

しかし、生きている以上、少しくらいの無駄は避けられない。

そして成長の過程では、無駄とお遊びは、仕事と同じように大切なのである。

それに、うつ病になるような人は、もう十分効率よく生きてきた。

これからは少し無駄を楽しむように生きる。そのように生き方のギアを変えることのほうが大切である。

「あー、こんなことをしなくてもよかったのに」と後悔するのではなく、「これもまた私の人生」と今を受け入れる。

「あそこでもっと頑張っていれば、こんなことはなかったのに」と思うかもしれないが、もともとここまで来たこと自体がすごいことなのである。

原点を忘れてはいけない。

悔しがらないこと。

よく頑張った。もうこれでいい。これ以上頑張ることは、もともと無理なのである。

「こんなことになってしまって」と思うときが来ても、それでも頑張ったことでここまで来たのである。

「こうすればよかった」と思うかもしれないが、こうしていればこうしていたで、またそこには「悔しい」と思うことが生じているのである。

無駄はだれの人生にもある。もう一度書く。無駄はだれの人生にもある。ないとあなたが思っているだけである。はたから見て、無駄がないように見えるだけである。

無駄のない人生はない。そしてその無駄はどこかで活きているのである。

先に「彼が無駄と思っていた時間が、生き延びるために重要で、成果が上がったと思っている時間が逆に寿命を縮めていた」と書いた通りである。

無駄のない人生を生きようとすることは、千歳まで生きようとしているのと同じである。

人は千歳までは生きられない。千歳まで生きようとすれば、それこそすべてを失う。

寝られないときもある。失敗するときもある。

人間は千歳まで生きられないように、完全にはなれない。人間のすることに完全はない。

だれの人生にもある無駄を、自分だけはそれを避けて通ろうとしても無理である。

あとは受け入れる。「こんなことになってしまって」と思うときが来ても、それでも頑張ったことでここまで来たのである。

「こうすればよかった」と思うかもしれないが、こうしていればこうしていたで、またそこには「悔しい」と思うことが生じているのである。

今が人生。

④性格を直すのは大事業

ところで、先に書いたように人間の性格はそう簡単に変わるものではない。あなたはその大事業を今「しようとしている」のである。

自分の性格を変えるということは、会社を興して、成功するよりもはるかに大変なことである。

性格を変えるとは、自分の過去の悪影響から自由になるということである。

過去は今の意識を決定する。その過去から自由になることが、性格を変えるということである。

あなたが今、三十歳だとする。するとあなたの性格は三十年間かけてできあがってきた性格である。三十年間の人間環境の中でできたものである。

それを一朝一夕に変えることはできない。あなたの性格は、あなたが想像する以上に強固なものである。

たとえば、あなたは三十年間従順に生きてきた。小さい頃から権威主義的な親の言いなりになって生きてきた。周囲の人の言うことに従順にしたがって生きてきた。

そうしてできあがった性格が、一夜にして自己主張できる性格に変わるはずがない。

日夜努力しても相変わらず「ハイ」と言ってしまう性格である。努力しても「ノー」と言えない性格であることには変わりない。

それは「ハイ」と言おうとして言っているのではない。自動的に「ハイ」という言葉が出てきてしまうのである。ある刺激に対して、自動的にある反応をするようにその人の性格は条件づけられている。

ある場面で決して「ハイ」と言うまいと思っている。しかしその場面が来ると自動的に「ハイ」と言ってしまっている。

そして「あー、また言ってしまった」と落ち込む。そのときには「やはり、私はもうダメなんだ」と思う。

しかし、決してあきらめてはいけない。それが少しずつ、少しずつ変わっていく。目に見えないほどの小さな変化をして、ある日、気がついてみると少し変わっていたということである。

あなたが臆病な性格だとする。そこで「覚悟をする」といっても、なかなか覚悟はできるものではない。

本人は「覚悟をする」と何度も自分に言い聞かせる。そして腹の中で「覚悟をした」と思う。

でも、やはりこれから起きるトラブルにまだ怯えている。そのようなことを何度も何度も繰り返して、ある日、本当に覚悟ができる。

しかし性格が変われば、必ずよいことが沢山起きてくる。

今のままの状態でも幸せを感じられるようになる。

今まで楽しくなかったことが楽しくなる。

自分が変わるということは、そういうことである。

いつか変わった自分に気がつく。

ただ耐えるのでは、先に述べたようにいよいよエネルギーを失う。

しかし今書いたように、この困難は幸せになるために避けて通れない道であると解釈するならば、決してエネルギーは枯渇《こかつ》しない。

今、相手からひどいことをされて悔しさをこらえている人は、地獄から天国へ向かう途中なのである。ここで頑張れば一皮むけて、もっと晴れ晴れとした人生になる。

今までも耐えてきた。今までも乗り越えてきた。今回も必ず乗り越えられる。

今回も必ず「これがあったお陰でこんなに幸せになれた」という日が来る。

この苦しみを乗り越えることで自分を変える。そう意識して困難に立ち向かう。

いつか変わった自分に気がつく。高齢になって憂鬱に苦しまないために、これは今、乗り越えなければならない経験なのである。

この悔しい体験があったからこそ、高齢になって憂鬱に苦しまないで生きられたと思う日がいつか必ず来る。

自分が変わるということは、そういうことである。

想像するほどあなたの性格は悪くない

それと自分が変えたい性格というのは、だいたいが人と比較しての話である。

横になったとたんに寝られる人がいる。しかし自分はなかなか寝つけない。不眠症かもしれない。

自分はいつも睡眠薬を飲んでいる。すぐに寝られる人がうらやましい。

体重で苦しんでいる人もいる。食欲を抑えて毎日苦しいのに太ってしまう。原因は心理的空虚感。虚しさを克服しない限り、限りなく食べたい。

食べたいだけ食べても太らない人がいる。心理的に健康な人である。

周りを見れば、うらやましい人ばかりである。

自分の弱点を平気でペラペラとしゃべっている人がいる。

自分は人間関係が苦手で、人と一緒にいても不安な緊張をしてしまう。それなのにいつまでも人と楽しそうに話している人がいる。

そういう人は、どんどん友達ができていく。しかし、自分は人といても話ができない。

自然と話題が出てくる人がいる。それなのに自分は話題を準備しなければ人と話ができない。


こうして自分の性格に悩んでいる。

この一つ一つを考えてみれば、みな人と自分を比較しての話である。

だから人と自分を比較するのをやめれば、変えたい性格というのは、それほど多くはない。

人と自分を比較するのをやめるには、劣等感を克服することであるが、それには視野を広げればいい。

自分の今のコミュニケーション能力でよい。

自分が今のコミュニケーション能力しか持てないでいるのには、それなりの理由がある。

もともと自分が劣っているからではない。小さい頃からの人間関係の歴史の中でそうなっているのである。

だから嘆くことはない。

今、無気力な人は、親から見れば手のかからない子だった。

無気力な「いい子」は、困ったことがあっても、どうしてよいかがわからない。心の底に怒りがある。そこに不安が加われば、どうしてよいかわからない。

自分でも自分の気持ちがわからない。どう生きてよいかわからない。

執着性格者は生きていくために有効なものが何もない。

真面目に働いて、努力して、人に気に入られる以外に頼るものがない。

人間はだれでも「これさえあれば」というものを求める。それが「母なるもの」を持った母親である人は幸せである。

「お金だけが頼り」という人は、お金が「母なるもの」を持った母親の代償である。

うつ病になるような執着性格者は、だれにも守ってもらった体験がない。真面目にしている以外に自分を守る方法がない。

人を信じられない。だから人と打ち解けない。

小さい頃から自分のことを言えなかった。そして相手に合わせてきた。うつになる人もいれば、家庭内暴力に走る人もいる。

相手に合わせていると、いつも自分が不確か。何となく落ち着かない。

いつも何かに怯えている。何に怯えているのかわからないが、何かに怯えている。

そうして人が自分をどう思っているかが気になってしょうがない。

しかし自分の意志を伝達し、自分の意志と力で自分を守ろうとすれば、怯えがなくなる。

相手の好意で自分を守ろうとすると、好意を失うのが怖い。

そこで迎合が始まる。しかし、迎合しても迎合しても怯えはなくならない。

迎合しても相手の好意を確信できないからである。

相手の好意を確信できるのは、相手の好意を期待しないで、お互いに自分の意志を伝えて、戦って、結果として友達になれたときである。

何かを頼んで断られるのが怖い。誘って断られるのが怖い。だから頼まないいし、誘わない。恥ずかしがり屋の人は、このように相手の拒否が怖い。

相手から拒否されるのが怖いのも、人の好意に頼って生きていこうとするからである。

恐怖が消えるのは、自分の力に頼って生きていこうと思ったときである。

そして、自分の力にふさわしい居場所を見つけようとすることで、心は落ち着く。

自分の力以上の場所を求めると、いつも気持ちは落ち着かない。

おわりに

仕事をしていないと不安だけれども、仕事をするのも嫌。

いっそのこと死のうとした。でも死ねない。

しかし、今からもう一度人生をやり直すエネルギーもない。

当面は八方美人で生きている。心の中は大トラブルだが、表面的には他人と大きなトラブルはない。

喧嘩をするのは、まだ相手に要求があるから。生きるエネルギーが残っているから。

ところがその要求もなくなり、周りとは当たり障りなく接するようになる。

それはもう、人生を半ばあきらめた感情的な離脱状態である。

毎日、コンビニ弁当を食べている。「ああ、今日もまたコンビニ弁当か」と深く落ち込む。

でも、これしか食べるものがない。そんな状態である。

「うつはもういいや」と言ってみる。

うつ病になるような人は、世間に対して自分を守って生きてきた。生きるのが下手なままで、みんなに気に入られたいと思って頑張ってきた。

ところが執着性格者は、世間に対して自分を守っているが、自分に対して自分を守っていない。

本当の意味で「自分を守る」とは、他人とコミュニケーションすることであり、自己実現することであり、好きなことを見つけることである。

うつ病になりやすい人は、本文でも述べたように周囲の世界がすべて敵である。

だから人と打ち解けられない。

いつも張りつめている。横になっているときも張りつめている。寝ているときも張りつめている。

不安だから心の中の自分の城に高い壁をつくる。どんな敵が攻めてくるかわからないから、どんどん壁を高くする。

暇があれば城を強固にする。遊んでいる暇などない。

もしあなたがジャングルに一人でいたらどうなるか。自分は無力で、周囲の世界は自分を守ってくれない。自分を守ってくれる人がいない。自分を守ってくれると信じられる人がいない。

周囲が敵と感じている人は、自分が強くなる以外に生きる方法がない。そこで生き方を間違える。創意工夫がない。

周囲を味方にできる人は、問題解決のために話し合うことができる人である。そういう人には創意工夫がある。

ギルマーティンの著作に載っている調査によれば、恥ずかしがり屋の人は小さいとき成績が悪くても、親子で対策を話し合うことができなかった（The Shy-Man Syndrome, 1989）。

敵対関係ではない親子なら、子どもの成績が悪ければ親子で話し合って対策を考えるはず。

しかし、親子が敵どうしならば、子どもは成績が悪くても親には言いにくい。

ジャングルに一人でいたら「なんとかなるさ」という安心感はない。

要するに、あることが心配でたまらない人、いつも身構えている人は、多くの場合、そのこと自体が心配というよりも、もっと根本的に、自分の存在が依拠している世界に対して不安を抱いているのである。

不安なときに、人は他人とは打ち解けられない。

うつ病になるような執着性格者は、自分一人で学校でも家庭でも職場でも頑張った。だれも守ってくれなかった。

要するに心にゆとりがない。心の遊びがない。だから息が詰まる。張りっぱなしの弦《つる》のように、いつかは切れてしまうだろう。

心の中の見えない孤独な頑張りに、周囲の人も本人自身も気がついていない。

うつ病になるような執着性格の人は、自分が傷つけられたときに怒りの感情を表現できずに、心の底にため込んでしまう。

真面目な人は憎しみを心の底に宿しているのである。

普通の人よりも傷つきながら、普通の人よりもその怒りを表現できない。

傷ついた怒りの感情は、なかなか消えることはない。憂鬱の仮面を被って登場したり、正義の仮面を被って登場したり、他人の不幸を願う気持ちになって登場したり。

ときには「死にたい」という哀れみの訴えとなって表現されるなど、かたちを変えて湧き上がる。

この本では、そういった人がどのように感情を出したらよいのか、どうしたら人と打ち解けられるのか、どうしたら我慢しないでも不安にならずに生きていけるのかを考えた。これを読んで、少しでも人と打ち解けることができるようになればと願っている。

本文では、人と打ち解けてコミュニケーションできるようになるためには、どうしたらよいのかについて、具体的な方法を書いてきた。

それらすべてを一気に実行する必要はない。一番実行しやすいものから始めればいい。選んだ方法がなかなかうまくいかなければ、それ以外の方法をやってみる。そして、一つでもうまくいけば、あとの方法は相互に関連しているので、どんどんうまくいくだろう。

この本は前著『「うつ」になりやすい人』に続いて、執着性格者について書いた二冊目である。

「うつ病になりやすい人は、仕事熱心で休養がとれないという特徴がある」ことを前著では指摘した。

その「あとがき」にも述べたように、今回の本は、うつ病になりやすい執着性格の人間関係とその問題解決に焦点を当ててみた。

執着性格者については、もう一つ、真面目な性格に関する問題が残っている。つまり、彼らの真面目な性格のどこに問題があって挫折するのか。これについても、いずれ三冊目として書きたいと願っている。

この本はPHP新書出版部編集長の阿達真寿氏にお忙しい中でお世話になった。激務の中で著者の気持ちを汲み取りつつ励ましてくれたことに、紙面を借りて感謝の気持ちを表わしたい。

二〇一〇年六月

加藤諦三

PHP新書
PHP INTERFACE
https://www.php.co.jp/

加藤諦三［かとう・たいぞう］

1938年東京生まれ。東京大学教養学部教養学科卒業、同大学院社会学研究科修士課程修了。73年以来、たびたびハーヴァード大学研究員を務め、現在、早稲田大学名誉教授。またハーヴァード大学ライシャワー研究所准研究員、日本精神衛生学会顧問。ニッポン放送系ラジオ番組「テレフォン人生相談」レギュラーパーソナリティとしても活躍中。

おもな著書に『アメリカインディアンの教え』（扶桑社文庫）、『自分を嫌うな』『自信』（以上、三笠書房・知的生きかた文庫）、『心の休ませ方』『不安のしずめ方』『自分に気づく心理学（愛蔵版）』『悩みの正体』（以上、PHP研究所）、『行動してみることで人生は開ける』『自分のうけいれ方』（以上、PHP文庫）、『だれにでも「いい顔」をしてしまう人』『「うつ」になりやすい人』（以上、PHP新書）など多数。

だれとも打ち解けられない人

PHP新書 680

二〇一〇年八月　三　日　第一版第一刷
二〇二四年五月三十一日　第一版第九刷

著者――加藤諦三
発行者――永田貴之
発行所――株式会社ＰＨＰ研究所
東京本部――〒135-8137 江東区豊洲5-6-52
ビジネス・教養出版部 ☎03-3520-9615（編集）
普及部 ☎03-3520-9630（販売）
京都本部――〒601-8411 京都市南区西九条北ノ内町11
組版――有限会社エヴリ・シンク
装幀者――芦澤泰偉＋児崎雅淑
印刷所・製本所――大日本印刷株式会社

ISBN978-4-569-77898-3

PHP新書刊行にあたって

「繁栄を通じて平和と幸福を」(PEACE and HAPPINESS through PROSPERITY)の願いのもと、PHP研究所が創設されて今年で五十周年を迎えます。その歩みは、日本人が先の戦争を乗り越え、並々ならぬ努力を続けて、今日の繁栄を築き上げてきた軌跡に重なります。

しかし、平和で豊かな生活を手にした現在、多くの日本人は、自分が何のために生きているのか、どのように生きていきたいのかを、見失いつつあるように思われます。そして、その間にも、日本国内や世界のみならず地球規模での大きな変化が日々生起し、解決すべき問題となって私たちのもとに押し寄せてきます。

このような時代に人生の確かな価値を見出し、生きる喜びに満ちあふれた社会を実現するために、いま何が求められているのでしょうか。それは、先達が培ってきた知恵を紡ぎ直すこと、その上で自分たち一人一人がおかれた現実と進むべき未来について丹念に考えていくこと以外にはありません。

その営みは、単なる知識に終わらない深い思索へ、そしてよく生きるための哲学への旅でもあります。弊所が創設五十周年を迎えましたのを機に、PHP新書を創刊し、この新たな旅を読者と共に歩んでいきたいと思っています。多くの読者の共感と支援を心よりお願いいたします。

一九九六年十月

PHP研究所